Frank Stocker   Wunderbare Schein-Welt Europas

Frank Stocker

Wunderbare Schein-Welt Europas

Spannende und faszinierende Geschichten aus der Welt der europäischen Banknoten

Ein Buch zur erfolgreichen Serie
„Schein-Welt" in der „Welt am Sonntag"

Bibliografische Information der Deutschen Nationalbibliothek

Die Deutsche Nationalbibliothek verzeichnet diese Publikation in der Deutschen National-
bibliografie; detaillierte bibliografische Daten sind im Internet über www.dnb.de abrufbar.

© 2014 Frank Stocker
Umschlaggestaltung, Satz und Layout: Frank Stocker
Das Buch basiert auf der Serie „Schein-Welt" in der „Welt am Sonntag". Die Genehmigung zur
Veröffentlichung im Rahmen dieses Buches wurde von Axel Springer SE erteilt.
Das Bildmaterial besteht aus eigenen Scans bzw. Scans, die dem Autor von Ömer Yalcinkaya
für dieses Buch überlassen wurden. Spezieller Dank an ihn.

Herstellung und Verlag: BoD – Books on Demand, Norderstedt
ISBN 9783735792389

Informationen zu allen Büchern, die zu der Serie erschienen sind, unter www.schein-welt.info

Inhalt

Vorwort

Wir Europäer denken oft, unsere Völker seien untereinander sehr verschieden. Die Sprachen, die Gewohnheiten, die Kultur – all das scheint uns zu trennen. Doch vergleicht man unsere Region mit anderen Kontinenten, so stellt man fest: Europa ist doch eigentlich recht einheitlich, wir teilen sehr viele Gemeinsamkeiten und eine eng verwobene Geschichte.

Das wird auch und gerade deutlich, wenn wir die Banknoten betrachten. Dann finden wir einen deutschen Bierbrauer auf den serbischen Geldscheinen, weil dieser in Belgrad einst der erste Notenbankpräsident war. Wir sehen Pflanzen auf Rumäniens Banknoten, die uns alle sehr bekannt vorkommen. Oder wir bekommen Schriftsteller präsentiert, die uns auch hierzulande bestens bekannt sind.

Der Inbegriff des einheitlichen Miteinanders ist der Euro. Er zeichnet sich auch und gerade dadurch aus, dass für die Gestaltung seiner Banknoten all das aufgenommen wurde, was die europäischen Völker eint, insbesondere die architektonischen Epochen, die fast in ganz Europa zeitgleich vorherrschten. Und dennoch: Obwohl wir diese Scheine jeden Tag in Händen halten, findet sich auf ihnen vieles, was wohl die meisten noch nie bemerkt oder beachtet haben.

Auf den folgenden Seiten werden Sie diese Geheimnisse entdecken. Sie lesen Geschichten aus und über die europäischen Staaten. Sie erfahren auch, wie manche über ihre Banknoten geradezu versuchen eine Nation zu erschaffen, indem sie eine jahrhundertelange Historie präsentieren, auch wenn manchmal sehr zweifelhaft ist, ob sich eine solche lange, gerade Linie wirklich ziehen lässt.

Überraschungen will das Buch liefern, auch Aha-Erlebnisse und vielleicht manch lustiges Detail. Zudem aber auch viel Wissenswertes aus fremden Kulturen, die uns doch oft so nah sind. Lassen Sie sich auf eine interessante Expedition durch Europa ein, von Polen bis Island, von Färöer bis Mazedonien.

Auch die Türkei wurde hier Europa zugeschlagen, denn ein Teil ihres Staatsgebietes liegt auf dem europäischen Kontinent, genau wie dies bei Russland der Fall ist. Beider Währungen werden aber gleichzeitig auch im Band über die asiatischen und ozeanischen Banknoten präsentiert, da die Länder eben zu beiden Kontinenten gehören.

Darüber hinaus sind auch Bände über die Banknoten Afrikas und Amerikas erschienen. All diese Bücher basieren auf der Artikelserie „Schein-Welt", die bereits seit September 2010 jede Woche in der „Welt am Sonntag" erscheint. Die Artikel wurden jedoch komplett überarbeitet und ergänzt, u.a. um eine Vielzahl von Abbildungen der beschriebenen Banknoten.

Mit dem Buch bzw. den Büchern komme ich vielfachen Bitten von Lesern nach, die immer wieder fragten, ob es die Artikel auch gesammelt als Buch zu erwerben gebe. Der Plan für ein entsprechendes Buch reifte dann auch schon recht schnell, und doch dauerte es einige Zeit bis aus dem Plan Realität wurde.

Denn das Problem war , dass sich kein Verlag fand, der ein solches Buch herausgeben wollte. Zwar waren viele von der Idee begeistert, doch dann kalkulierten sie – und lehnten ab. Denn ein solches Buch muss mit vielen Bildern der Banknoten versehen werden, und zwar im Vierfarbdruck. Das machte es für die Verlage zu teuer.

Daher habe ich es nun im Eigenverlag herausgegeben. Dazu habe ich selbst sämtliche Texte überarbeitet und das Buch auch selbst gestaltet, das senkte die Kosten. Dennoch ist ein Vierfarbdruck nach wie vor relativ teuer, weshalb auch dieses Buch nicht ganz billig ist. Sie dürfen jedoch versichert sein, dass meine eigene Marge dabei allenfalls die Unkosten deckt.

Genau aus diesen Gründen habe ich auch mehrere Bücher herausgegeben, die verschiedene Erdteile abdecken. So ist jedes einzelne Buch relativ günstig, und wer erst einmal nur in die Welt der Banknoten reinschnuppern möchte, kann dies auf diesem Wege tun. Gleichzeitig gibt es aber auch eine Gesamtausgabe mit Artikeln zu allen 165 Währungen dieser Welt. Hinweise zu den anderen Büchern gibt es unter www.schein-welt.info.

Nun soll die Reise aber ohne weitere Verzögerungen beginnen. Tauchen Sie ein in die spannende und faszinierende Welt der Banknoten Europas.

Viel Spaß beim Lesen wünscht

9

Albanien

Zweifelhafte Fürsten und Könige

Während ärmere Länder in Asien oder Afrika auf ihren Scheinen gerne technische Errungenschaften der Gegenwart zeigen und preisen, greifen europäische Notenbanken meist lieber auf historische Bezüge zurück. Einen besonders tiefen Blick in die Geschichte bietet dabei das albanische Geld.

Fläche: 28.748 km²
Einwohner: 2,8 Mio.
Amtssprache: Albanisch
1 Lek = 100 Qindarkë
Scheine in Umlauf: 500, 1000, 2000, 5000 Lekë
1 Euro = 140 Lekë

Es fängt schon beim Namen an. Der Lek soll nach dem Fürsten Lekë Dukagjini benannt worden sein, der im 15. Jahrhundert lebte und ein Zeitgenosse Skanderbegs war. Letzterer kämpfte jahrzehntelang gegen die Türken und galt damals in ganz Europa als Vorbild für die Christen im Widerstand gegen die Osmanen. Dukagjini kämpfte dabei wohl zeitweise unter Skanderbeg, mitunter auch gegen ihn – die Loyalitäten wechselten zu jenen Zeiten oft schnell. Bekannt wurde Dukagjini jedoch durch etwas anderes: den sogenannten Kanun des Lekë Dukagjini. Der Kanun ist das Gewohnheitsrecht der Albaner, das vor allem auf dem Begriff der „Ehre" aufbaut. Er fordert in einzelnen Fällen als negative Konsequenz die Blutrache, hat aber auch positive Aspekte, wie beispielsweise das Gastrecht, das im Kanun einen besonders hohen Rang einnimmt. In einigen Gegenden Albaniens wird dieser Verhaltenskodex bis heute angewendet. Die bekannteste Fassung des Kanuns wurde nach Dukagjini benannt.

Während Lekë Dukagjini also zu der Ehre kam, dem albanischen Geld seinen Namen zu geben, ist sein Zeitgenosse Skanderbeg wenigstens prominent auf den Banknoten abgebildet. Sein Porträt ziert den 5000-Lek-Schein, der aufgrund der Schwäche der Währung relativ häufig benutzt wird. 5000 Lek entsprechen rund 36 Euro.

Doch auch auf den anderen Scheinen sind vor allem Persönlichkeiten abgebildet, die sich um die Nation verdient gemacht haben, so auch der Gründer des modernen albanischen Staates Ismail Qemali (auf dem 500-Lek-Schein). Er lebte von 1844 bis 1919 und rief 1912 die Unabhängigkeit seines Heimatlandes aus und wurde auch dessen erster Ministerpräsident. Ungefähr zur gleichen Zeit (1846—1900) hatte der Schriftsteller Naim Frashëri gelebt, der auf dem 200-Lek-Schein zu sehen ist. Er hatte das Wiedererwachen des albanischen Nationalgefühls im 19. Jahrhundert maßgeblich beeinflusst und gilt heute als wichtigster Poet Albaniens.

Allerdings liefert Albanien auch ein Beispiel dafür, wie man seine Geldscheine für eine mindestens leicht zweifelhafte Geschichtsschreibung missbrauchen kann. Denn auf der 2000-Lek-Banknote ist Genthios (lat. Gentius) abgebildet. Er war der letzte illyrische

König, der von 180 bis 168 vor Christus regierte.

Hintergrund dafür ist, dass die Albaner ihre Geschichte und auch ihre Sprache gerne auf die Illyrer zurückführen, die in der Antike auf dem Balkan und in Süditalien lebten. Vor allem während der kommunistischen Herrschaft war die Theorie einer durchgängigen Historie von den alten Illyrern bis zum modernen Albanien sehr populär.

Unter Historikern und Sprachwissenschaftlern ist sie jedoch höchst umstritten. Die albanische Notenbank preist Genthios auf ihrer Internetseite dennoch als „Staatsmann, Krieger, Wissenschaftler und Mann bemerkenswerter wirtschaftlicher Errungenschaften".

Sie vergisst dabei allerdings zu erwähnen, dass er schließlich von den Römern besiegt und in die Gefangenschaft nach Rom abgeführt wurde. Sein Land wurde danach unter den Bundesgenossen Roms aufgeteilt – das jedenfalls ist historisch gesichert.

Bosnien-Herzegowina

Die Mark lebt!

W er Sarajevo besucht, der sollte auf dem Baščaršija-Platz einen bosnischen Kaffee zu sich nehmen. Nicht nur des Geschmacks und des Ortes wegen, auch wegen des Erlebnisses, wenn der Kellner am Ende sagt: „Eine Mark." Ein Kaffee für eine Mark – das weckt doch nostalgische Gefühle.

Die offizielle Währung Bosnien-Herzegowinas heißt korrekt „konvertibilna marka", also konvertible Mark – auch wenn auf den meisten Scheinen „maraka" steht. Dies hängt jedoch mit der etwas komplizierten Pluralbildung in den slawischen Sprachen zusammen: Nach den Zahlen 2 bis 4 lautet der Plural in diesem Fall „marke", über 5 „maraka".

Die Untereinheit heißt „Fening" – auch das dürfte deutschen Ohren vertraut klingen. Die Währung wurde 1998 eingeführt und löste verschiedene Währungen ab, die in den Teilgebieten der Republik verwendet wurden, also den jugoslawischen Dinar, die kroatische Kuna und auch den bosnischen Dinar, den es zwischenzeitlich gab.

De facto löste sie aber die Deutsche Mark ab, die damals im Alltag meistens verwendet wurde. Daher war es den verschiedenen Volksgruppen auch relativ leicht gefallen, sich auf diesen Namen für die neue Währung zu einigen. Und folglich wurde auch der Kurs der konvertiblen Mark an die Deutsche Mark eins zu eins gekoppelt. Seit der Euro-Einführung entspricht der Umrechnungskurs daher auch exakt dem Kurs von Deutscher Mark zu Euro, also 1,95583 konvertible Mark je Euro.

Das Aussehen der Mark-Scheine hat allerdings nichts mit den alten D-Mark-Scheinen zu tun. Sie erhielten vielmehr eine eigene Gestaltung – und das gleich doppelt. Denn für die bosnisch-kroatische Föderation einerseits und die Republika Srpska andererseits werden unterschiedliche Scheine gedruckt, beide Versionen gelten aber in beiden Landesteilen.

Die beiden Varianten zeigen bekannte Persönlichkeiten der jeweiligen Volksgruppen. Dabei handelt es sich einerseits um bosnische oder kroatische Schriftsteller, andererseits um serbische. Gemeinsam ist ihnen, dass ihr Geburtsort jeweils auf dem Gebiet der heutigen Republik Bosnien-Herzegowina lag.

So ist auf dem 10-Mark-Schein der bosnisch-kroatischen Teilrepublik beispielsweise der Dichter Mehmedalija „Mak" Dizdar zu sehen, erkennbar an seinem Vollbart und geboren in Stolac. Auf der serbischen Note dagegen wird Aleksa Šantić gezeigt, geboren nur wenige Kilometer entfernt in Mostar.

Fläche: 51.197 km^2	
Einwohner: 3,8 Mio.	
Amtssprachen: Bosnisch, Kroatisch, Serbisch	
1 Konvertibilna Marka = 100 Feninga	
Scheine in Umlauf: 10, 20, 50, 100, 200 Maraka	
1 Euro = 1,96 Maraka	

Die jeweiligen Rückseiten haben keine Verbindung zu den Vorderseiten, und dennoch sind auch diese unterschiedliche gestaltet. So zeigt die bosnisch-kroatische Variante stets Fragmente von alten Reliefs, die serbische dagegen Bücher, Musikinstrumente oder auch mal nur einen Laib Brot.

Gemeinsam ist den Banknoten nur die Aufschrift, die jeweils in lateinischer und kyrillischer Schrift ist. Und immerhin: Die 200-Mark-Note – der Schein mit dem höchsten Wert – wurde einheitlich gestaltet, darauf ist der Literaturnobelpreisträger Ivo Andrić („Die Brücke über die Drina") zu sehen, der von Bosniern, Serben und Kroaten gleichsam geschätzt wird. Auf der Rückseite ist dazu natürlich die berühmte Brücke abgebildet.

Übrigens ist das Bezahlen mit Mark für den deutschen Touristen letztlich auch erkenntnisreich: Man rechnet den Betrag unwillkürlich in Euro um, um ein Gefühl dafür zu haben, wie hoch die Kosten sind. Die Deutsche Mark ist in unseren Köpfen eben doch längst überwunden.

Bulgarien

Die Preußen, die an der Mark festhalten

Wer heute immer noch der Deutschen Mark nachtrauert, der sollte eine Reise nach Bulgarien unternehmen. Denn für einen Euro gibt es genau 1,95583 bulgarische Lewa – das ist exakt der Kurs, zu dem einst die Mark in Euro getauscht wurde. Dies wiederum hat seinen Grund darin, dass der Lew (Plural: Lewa) schon Mitte 1999 an die Mark gekoppelt wurde. Seit Einführung des Euro gilt nun der entsprechende fixe Kurs zur Gemeinschaftswährung.

Der Name Lew bedeutet übersetzt „Löwe". Er rührt vom bulgarischen Staatswappen, in dessen Mitte das Tier abgebildet ist. Schon mindestens seit dem 15. Jahrhundert wurde dieses Wappen von den bulgarischen Zaren benutzt.

Fläche: 110.994 km²
Einwohner: 7,3 Mio.
Amtssprache: Bulgarisch
1 Lew = 100 Stotinki
Scheine in Umlauf: 2, 5, 10, 20, 50, 100 Lewa
1 Euro = 1,96 Lewa

Noch viel weiter zurück geht jedoch die Geschichte Bulgariens, wie sie auf den Geldscheinen dargestellt wird. So erscheint auf der 1-Lew-Banknote Iwan Rilski, auf Deutsch auch der Heilige Johann vom Rilski-Gebirge. Er lebte von 875 bis 946 und gilt als Patron der Bulgaren. Denn in seiner Zeit bildete sich das erste bulgarische Reich, das wahrscheinlich aus der Verschmelzung eines namensgebenden Turk-Stammes mit slawischen Bewohnern der Gegend entsprang.

Wenige Jahre vor Iwan Rilskis Geburt hatten die Slawenlehrer Kyrill und Method in ebenjener Gegend ihr Alphabet erschaffen, das später weiterentwickelt wurde und heute unter dem Namen „Kyrillisch" bekannt ist. In dieser Schrift sind natürlich auch die Banknoten Bulgariens gehalten.

Leider ist der 1-Lew-Schein heute weitgehend aus dem Umlauf verschwunden und durch eine entsprechende Münze ersetzt. Doch auch der Schein zu 20 Lewa, der heute im Alltag am häufigsten anzutreffen ist, taucht in die Geschichte der Bulgaren ein. Er zeigt Stefan Nikolow Stambolow (1854-1895), der als Mitbegründer des modernen bulgarischen Staates gilt. Nach einem Krieg Russlands gegen das Osmanische Reich war Bulgarien 1878 unabhängig geworden – aus dieser Zeit rührt auch die starke Verbundenheit mit Russland, die teilweise bis heute besteht. Stambolow wird oft auch als der „Bismarck Bulgariens" bezeichnet – eine Art Replik darauf, dass Bismarck die Bulgaren einst als die „Preußen des Balkans" tituliert hatte. Doch er schrieb auch Gedichte – eines mit dem Titel „An meine Kameraden" ist neben ihm aufgeführt.

In der gleichen Epoche wie Stambolow lebte Aleko Konstantinow, der auf dem 100-Lewa-Schein zu sehen ist. Er wurde jedoch auf ganz andere Weise berühmt, denn der

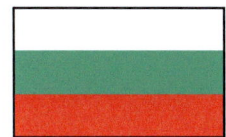

Schriftsteller schuf die Figur des Baj Ganjo – ein Prototyp des ungebildeten, aber dennoch gewitzten Bulgaren, der in die moderne Zeit stolpert. Auf der Rückseite des Geldscheines ist die erste, handschriftlich verfasste Seite aus dem Roman abgebildet.

So berühmt diese Figur in Bulgarien auch heute noch ist, so sehr scheiden sich dennoch an ihr die Geister, nicht zuletzt in Bulgarien selbst. Manche fühlen sich von ihr verletzt, andere dagegen erkennen ihre Landsleute darin treffend wieder, auch und gerade heute noch. Konstantinow bekam dieser Ruhm allerdings nicht – er wurde 1897 ermordet, möglicherweise als Vergeltung für seine Beschreibung der Bulgaren im Charakter des Baj Ganjo.

Und das, obwohl doch Konstantinows Pseudonym Schtastliveza war – der Mann im Glück. Immerhin hat er aber nach seinem Tod das Glück erfahren, auf dem bulgarischen Geldschein mit dem höchsten Wert abgebildet zu sein. Diese 100 Lewa entsprechen übrigens genau 51,13 Euro – für alle, die heute nicht mehr in Mark rechnen.

Dänemark

Gekappte Brücken

D änemark ist nicht Mitglied der Euro-Zone, und vielleicht haben sich die Dänen dagegen entschieden, weil sie das Abenteuer einer gemeinsamen Währung schon hinter sich haben. Von 1872 bis 1924 war das Land zusammen mit Schweden und Norwegen Teil der Skandinavischen Währungsunion. Sie scheiterte letztlich an der unterschiedlichen Fiskalpolitik, was einem irgendwie bekannt vorkommt.

Die Krone, die mit dieser Währungsunion eingeführt wurde, gilt immerhin heute noch in Dänemark. Ihre Banknoten haben jedoch erst vor kurzem eine Rundumerneuerung erfahren. Zwischen 2009 und 2011 wurde eine neue Serie herausgegeben, die auf den Vorderseiten nun Brücken des Landes abbildet.

Fläche 42.915 km²
Einwohner: 5,6 Mio.
Amtssprache: Dänisch
1 Dänische Krone = 100 Øre
Scheine in Umlauf: 50, 100, 200, 500, 1000 Kroner
1 Euro = 7,46 Kroner

Dazu gehören große, bekannte Exemplare, wie die Brücke über den Großen Belt auf dem 1000-Kronen-Schein. Sie verbindet die dänischen Inseln Fünen und Seeland und ist mit einer Länge von 2694 Metern die größte Hängebrücke Europas. Aber zu sehen sind auch kleinere Exemplare wie die Knippelsbro, eine Brücke in Kopenhagen, die auf der Banknote zu 200 Kronen abgebildet ist Immerhin bringt sie es aber auf 115 Meter.

Die Brücken sollen nicht nur Alltagsbauten veranschaulichen, sondern auch symbolisch für die Verbindung von Vergangenheit und Gegenwart stehen. Denn auf den Rückseiten der Scheine sind jeweils prähistorische Funde zu sehen, die auf den Vorderseiten zusätzlich immer noch jeweils klein in der linken unteren Ecke dargestellt werden. So zeigt der 1000-Kronen-Schein beispielsweise den berühmten Sonnenwagen von Trundholm. Die Bronzeskulptur wurde ungefähr 1400 vor Christus hergestellt und zeigt ein Pferd, das auf Rädern steht, und eine Sonnenscheibe zieht. Eine gewisse Ähnlichkeit mit der Himmelsscheibe von Nebra ist kein Zufall, allerdings ist letztere deutlich älter.

Die neue Banknotenserie unterscheidet sich durch diese Darstellungen deutlich von der vorangegangenen, auf der Personen und Stein-Reliefs dominierten. Doch noch ein Detail hat sich verändert: Auf dem 50-Kronen-Schein stand bis 2009 als Wertangabe „femti kroner", auf dem neuen steht jedoch „halvtreds kroner". Hat die Notenbank also mit den Scheinen auch gleich die Sprache noch reformiert?

Keineswegs. „Fünfzig" heißt im Dänischen allgemein „halvtreds". Dieses seltsame Wort geht darauf zurück, dass die Dänen ursprünglich ein 20er-Zählsystem benutzten. 60 wurde daher als „drei mal 20" bezeichnet: tresindstyve. Daraus wurde das Wort tres. Halvtreds ist zwar nicht die Hälfte davon, aber die Hälfte vom dritten Mal 20, also 50.

Auch die übrigen vollen Zahlen bis 100 haben solch seltsame Bezeichnungen. In der Bankensprache haben sich jedoch die „neunordischen" Wörter durchgesetzt, die uns weit vertrauter klingen, so seksti (60) oder eben femti (50). Alle anderen Skandinavier benutzen diese Wörter mit leichten Abwandlungen. Und der Verständlichkeit halber nutzen die Dänen zumindest im Finanzwesen ebenfalls diese Wörter. Auf den Geldscheinen wurde diese Sprachbrücke nun aber gekappt. Sonst könnte man ja auf den Gedanken kommen, Dänemark sei Teil einer skandinavischen Währungsunion.

England

Das Erbe der Jahrhunderte

Keine andere Währung ist so lange ununterbrochen in Gebrauch wie das Pfund Sterling. Zudem gibt es bereits seit über 300 Jahren Pfund-Banknoten. Denn 1694 wurde die Bank of England gegründet, die zunächst handbeschriebene, später gedruckte Noten in Umlauf brachte. Jahrhundertelang war sie eine privatwirtschaftliche Einrichtung, erst 1946 wurde sie verstaatlicht. Seither ist es auch in England nurmehr der Staat, der Geldscheine druckt.

Fläche: 130.395 km²
Einwohner: 53 Mio.
Amtssprache: Englisch
1 Pfund = 100 Pence
Scheine in Umlauf: 5, 10, 20, 50 Pfund
1 Euro = 0,84 Pfund

Allerdings gilt dies nach wie vor nicht für ganz Großbritannien. Denn in Schottland und Nordirland dürfen weiterhin private Geldinstitute Pfund-Noten herausgeben. Die Bank of England ist zudem nur für England und Wales zuständig. Ihre Scheine werden jedoch im ganzen Reich akzeptiert, auch in jenen Gebieten, die ebenfalls eigene Noten herausgeben, wie beispielsweise Jersey und Guernsey, Gibraltar oder die Isle of Man.

So lang die Geschichte der Pfund-Noten auch ist, so unspektakulär sind sie andererseits. Zum einen gibt es nur vier verschiedene Scheine, zu 5, 10, 20 und 50 Pfund. Vom Euro gibt es dagegen beispielsweise sieben verschiedene Noten. Zudem ist auf allen Vorderseiten der Pfund-Scheine seit 1960 durchgehend Königin Elisabeth II. abgebildet, auch heute mit einem Porträt aus deutlich jüngeren Tagen.

Allerdings gab es Anfang der 70er Jahre zwei wichtige Modernisierungen. Die erste erfolgte 1970. Denn seitdem werden auf den Rückseiten jeweils historische Persönlichkeiten gewürdigt, die im Abstand von einigen Jahren immer wieder ausgetauscht werden. So ist derzeit auf dem 20-Pfund-Schein beispielsweise der weltbekannte Ökonom Adam Smith zu sehen, die 10-Pfund-Note zeigt dagegen den Naturforscher Charles Darwin.

Daneben ist auf dem Fünfer Elisabeth Fry abgebildet. Sie lebte von 1780 bis 1845 und tat sich als eine Reformerin des Gefängniswesens hervor, indem sie die Zustände dort verbesserte und beispielsweise weibliche Aufsichtspersonen für die Frauengefängnisse durchsetzte. Der 50-Pfund-Schein zeigt den Erfinder James Watt und dessen Geschäftspartner Matthew Boulton.

Allerdings werden in den kommenden Jahren zwei andere berühmte Persönlichkeiten auf die Scheine gebannt werden, wie die Bank of England beschlossen hat. So soll künftig auf der 5-Pfund-Note Winston Churchill dargestellt werden, der Zehner soll die Schriftstellerin Jane Austen zeigen.

Die zweite Modernisierung vom Beginn der 70er Jahre erfolgte übrigens 1971, als das Dezimalsystem eingeführt wurde. Seither entspricht ein Pfund 100 Pence. Zuvor war es

in 20 Shilling und ein Shilling wiederum in zwölf Pence unterteilt.

Dieses etwas seltsame System ging noch auf die Zeiten von Karl dem Großen zurück, der auf diese Art ein Pfund Silber („Livre") unterteilen ließ. Später wurde in England eine bestimmte Art von Silber zur Grundlage der Währung gemacht. Darauf war ein Stern geprägt, wovon wohl das Wort Sterling abgeleitet wurde.

Vom Silber immerhin haben sich die Engländer getrennt. Dass die Modernisierung jedoch irgendwann so weit gehen könnte, dass sie das Pfund gegen den Euro eintauschen, dürfte als ausgeschlossen gelten.

Euro

Die unbekannten Seiten

W er kann auf Anhieb sagen, was genau auf einem 20-Euro-Schein zu sehen ist? Er ist blau, das fällt sicher jedem sofort ein, vielleicht auch noch die Tatsache, dass darauf Bögen und Brücken zu sehen sind. Auch Sicherheitsmerkmale wie das Wasserzeichen oder der Sicherheitsfaden sind recht bekannt. Aber sonst?

Fläche: 2.628.652 km²
Einwohner: 334 Mio.
1 Euro = 100 Cent
Scheine in Umlauf: 5, 10, 20, 50, 100, 200, 500 Euro

Seit 2002 halten die Europäer die Scheine Tag für Tag in Händen, insgesamt 18 Länder gehören mittlerweile der Euro-Zone an. Drei weitere Staaten, die den Euro nutzen, prägen eigene Münzen (Vatikan, Monaco, San Marino) und zwei Länder, die nicht zur EU gehören (Montenegro und Kosovo), nutzen statt einer eigenen Währung ebenfalls den Euro. Über 16 Milliarden Scheine gibt es mittlerweile – mehr als Dollar-Noten.

Doch trotz dieser großen internationalen Bedeutung sind uns die Scheine oft noch seltsam fremd. Dabei gibt es darauf einiges zu entdecken. Das meiste davon ändert sich auch nicht auf den neuen Scheinen, die seit Mai 2013 in Umlauf gebracht werden, angefangen mit dem neuen 5-Euro-Schein. Einige Details werden allerdings überarbeitet.

So beispielsweise die Kürzel am oberen Rand der Vorderseiten, die als Abkürzung für die Europäische Zentralbank stehen. Auf den alten Scheinen sind es fünf: BCE ist in diversen romanischen Sprachen gebräuchlich (z.B. französisch Banque Centrale Européenne), ECB ist im Niederländischen sowie einigen slawischen Sprachen üblich (z. B. slowakisch Európska Centrálna Banka) und EZB ist den Deutschen vertraut. EKT indes ist die griechische Abkürzung, wobei es der Zufall so will, dass die drei griechischen Buchstaben gleichzeitig auch im lateinischen Alphabet vorkommen. EKP wiederum steht für die finnische und estnische Kurzform der Notenbank. Beim Neu-Design der Scheine gesellen sich nun vier weitere Abkürzungen hinzu: ЕЦБ (Bulgarisch), EKB (Ungarisch), BĊE (Maltesisch) und EBC (Polnisch).

Diese Sprachen werden hinzugefügt, obwohl einige Länder den Euro überhaupt noch nicht eingeführt haben. Doch die EU-Verträge sehen vor, dass jedes Mitgliedsland den Euro einführen muss, wenn es die Kriterien dafür erfüllt. Ausnahmeregelungen gibt es nur für Großbritannien, Dänemark und Schweden. Daher werden heute auch schon alle potenziellen Euro-Mitgliedsländer auf den Scheinen berücksichtigt.

Da Länder wie Bulgarien oder Polen bei Einführung des Euro noch nicht Mitglied der EU waren, sind sie auf den alten Scheinen auch noch nicht vertreten. Das wird nun mit der Einführung der neuen Scheine geändert. Kroatien war dagegen auch bei Beginn der Einführung der neuen Scheine noch nicht in der EU. Daher fehlt das kroatische Kürzel.

Belgien

Deutschland

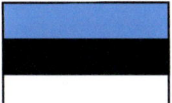

Estland

Finnland

Frankreich

Griechenland

Irland

Italien

Auch die abgebildete Europa-Karte erfährt mit den neuen Scheinen leichte Veränderungen, obwohl sich die Gestalter damit von Anfang an große Mühe gegeben haben. Denn darauf ist nicht nur der Umriss der europäischen Landmasse zu sehen, auch diverse Inseln wurden eingezeichnet. Westlich der Iberischen Halbinsel, weit draußen im Atlantik, sind die Azoren und Madeira zu erkennen, südlich davon die Kanaren. Links daneben stehen vier Kästchen, die weitere Landesteile und Inseln umrahmen.

Dabei handelt es sich ganz links um Französisch-Guayana, das in Südamerika liegt. Die drei übereinanderstehenden Kästchen daneben zeigen (von oben nach unten) Guadeloupe, Martinique und Réunion, also französische Überseeterritorien, die in der Karibik bzw. vor Madagaskar (Réunion) liegen. Auf den neuen Noten sind die Inseln weiter vorhanden, nur anders angeordnet.

Doch so genau man bei all diesen Details auch war: Mit Zypern fehlt auf den alten Scheinen ein komplettes Mitgliedsland auf der Karte. Auf den neuen Scheinen allerdings ist die Insel nun ebenfalls eingezeichnet.

Hinzu kommt mit den neuen Scheinen auch die Bezeichnung „Euro" in kyrillischen Buchstaben: „EBPO". Einerseits ist dies nur folgerichtig, da Bulgarien nunmehr auch Mitglied der EU ist und dort die kyrillische Schrift gebraucht wird. Entsprechend steht der Name der Währung bisher auch schon in griechischen Buchstaben auf den Scheinen. Dennoch wurde mit der bulgarischen Bezeichnung ein Prinzip gebrochen.

Denn die gemeinsame Währung wird zwar in diversen Sprachen anders ausgesprochen oder geschrieben. So heißt der Euro beispielsweise

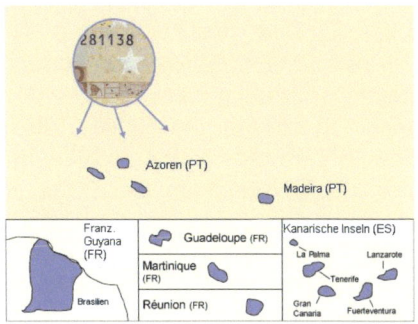

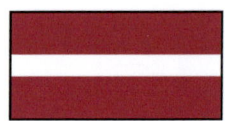

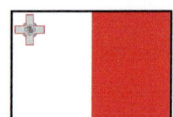

auf Maltesisch „Ewro" und auf Lettisch „Eiro". Dennoch hat die EU festgeschrieben, dass die gemeinsame Währung in offiziellen Dokumenten immer einheitlich als Euro bezeichnet werden muss, ansonsten wäre das Durcheinander einfach zu groß. Auch die griechische Form ist lediglich eine Buchstabe-für-Buchstabe-Übertragung dessen.

Etwas anders dagegen sieht es beim Bulgarischen „EBPO" aus. Dies entspricht in der Übertragung eben nicht „Euro" sondern „Ewro". Denn so wird der Euro in Bulgarien genannt. Ursprünglich wollte die EU die Regierung zwar überreden, die Bezeichnung im Bulgarischen per Gesetz zu ändern, damit das Prinzip der einheitlichen Schreibweise eingehalten wird. Am Ende gab Brüssel aber dann doch nach.

Alles beim Alten bleibt bei den neuen Euro-Scheinen dagegen im Hinblick auf die maßgeblichen Darstellungen darauf. Weiterhin sind Bauwerke und Brücken zu sehen, die rein fiktional sind, die es also in der Realität gar nicht gibt. Der Grund ist einfach: Man konnte sich nicht auf eine Auswahl realer Gebäude einigen. Die Modelle sollen daher die verschiedenen Stilepochen nachempfinden, die fast überall in Europa in den vergangenen Jahrhunderten parallel existierten, ohne dabei eine konkrete Region herauszuheben.

Es beginnt auf dem 5-Euro-Schein mit der Klassik, es folgen Romanik (10 Euro), Gotik (20 Euro) und Renaissance auf dem 50-Euro-Schein. Seltener zu Gesicht bekommen die Bürger das Zeitalter des Barock und Rokoko, das für den 100-Euro-Schein Vorbild war, aber auch die Bauten des Industriezeitalters vom 200er sowie die Darstellung aktueller Architektur auf dem 500er trifft man im Alltag selten an.

Verschwinden wird auf den neuen Scheinen dagegen etwas, von dessen Existenz

Portugal

Slowakei

Slowenien

Spanien

Zypern

wohl die wenigsten wissen: Barcodes. Diese findet man gewöhnlich auf Verpackungen im Supermarkt. Doch auch die alten Euro-Scheine enthalten ähnliche Strichcodes. Zu erkennen sind sie, wenn man die Rückseite gegen das Licht hält, links vom Wasserzeichen. Dunkle Streifen stehen für die Zahl 1, helle Streifen für eine 0. Der Barcode des Scheins zu 50 Euro lautet 01101010. Die Codes unterscheiden sich je nach Wert des Scheins, Computer können ihn dadurch leichter auslesen. Da sie aber kaum noch genutzt werden, verschwinden die Striche nun.

Dafür erhalten die Scheine ein neues Wasserzeichen, das auch als Hologramm auftaucht: die Europa, jene mythische Gestalt aus der griechischen Sage, die einst auf einem Stier in Richtung unseres Kontinents ritt. Vorbild dafür war eine Abbildung auf einer 2000 Jahre alten Vase, die im Pariser Louvre steht.

Veränderungen ergeben sich auch bei der Seriennummer. Diese verrät bisher, welches Land den Schein in Umlauf gebracht hat. So steht X beispielsweise für Deutschland, Y für Griechenland. Künftig werden dagegen zwei Buchstaben am Beginn der Seriennummer auf die Druckerei verweisen, die den Schein gedruckt hat. Dies gibt jedoch keinerlei Hinweis darauf, welche nationale Notenbank den Druck verantwortete.

Denn einige Mitgliedsländer haben gar keine eigenen Banknoten-Druckereien, andere aber, wie auch Deutschland, dafür gleich

zwei. Und die Bundesbank lässt wiederum gar nicht alle Euro-Banknoten bei diesen Druckereien drucken, sondern schreibt die Aufträge dafür europaweit aus. Daher lassen sich die neuen Scheine künftig nicht mehr einzelnen Ländern zuordnen. Und damit wird der Euro vielleicht erst nun, mehr als ein Jahrzehnt nach seiner Einführung, wahrhaft europäisch.

Färöer

Zwischen Schafen und Kabeljau

Ganz Dänemark war im Zweiten Weltkrieg von deutschen Truppen besetzt. Ganz Dänemark? Nein, eine kleine Inselgruppe, die zu dem Königreich gehört, blieb unbehelligt: die Färöer. Großbritannien war den Deutschen zuvorgekommen und hatte die zwischen Norwegen und Island gelegenen Eilande 1940 besetzt. Und dies war die Geburtsstunde der färöischen Krone.

Zunächst nutzten die Färinger dänische Kronen-Noten, die überdruckt wurden, wenig später wurden jedoch eigene Scheine herausgegeben. 1948 wurden die Färöer dann zwar wieder ins dänische Währungsgebiet eingegliedert, sie behielten jedoch das Recht, eigene Scheine herauszugeben – was sie auch taten. So kommt es, dass es heute zwar färöische Krone-Scheine gibt,

Fläche: 1399 km²
Einwohner: 48.244
Amtssprachen: Färöisch, Dänisch
1 Färöische Krone = 100 Oyrur
Scheine in Umlauf: 50, 100, 200, 500, 1000 Kroner
1 Euro = 7,46 Kroner

diese jedoch rein rechtlich nur eine Unterform der dänischen Krone sind. Beide Währungen sind daher auch exakt gleich viel wert. Bei den Münzen nutzen die Färöer ohnehin nur die dänischen.

Während die dänischen Kronen-Scheine seit einigen Jahren eher etwas langweilige Brückenkonstruktionen abbilden, stehen bei den Banknoten der Färöer Naturdarstellungen im Mittelpunkt. So ist auf den Vorderseiten jeweils ein Tier abgebildet, allerdings jeweils nur in einer Teilansicht. Auf dem 50-Kronen-Schein ist beispielsweise das Horn eines Widders zu sehen. Dieser wurde nicht zufällig ausgewählt, denn Färöer bedeutet übersetzt „Schafsinseln". Schafe waren daher zu allen Zeiten auf den Geldscheinen der Inseln zu finden.

Gleiches galt auch für Darstellungen rund um das Thema Fische, denn Fischfang ist bis heute der wichtigste Wirtschaftszweig auf den Inseln. Aufgefangen wird dies durch die Abbildung des Schwanzes eines Kabeljaus auf dem 100-Kronen-Schein und eines Krebses auf dem 500er.

Auf den Rückseiten sind dagegen Aquarelle des färöischen Malers Zacharias Heinesen zu sehen. Es handelt sich um Darstellungen der Landschaften verschiedener Inseln. Charakteristisch sind die Weite und die Ursprünglichkeit der Natur, die hier dargestellt werden, mithin auch die darin enthaltene Einsamkeit und Eintönigkeit.

Ein weiterer wichtiger Unterschied zu den dänischen Kronen-Scheinen ist die Sprache darauf. Denn zwar war Dänisch über Jahrhunderte die Amtssprache auf den Inseln. Seit dem 19. Jahrhundert gab es jedoch eine Rückbesinnung der Färinger auf ihre eigene Sprache, die heute den Alltag auf den Inseln dominiert. Diese Sprache ist stärker mit

dem Isländischen als mit dem Dänischen verwandt, hat, wie die Sprache der nordwestlichen Nachbarn, beispielsweise viele alte germanische Endungen beibehalten, die im Dänischen (wie auch im Deutschen) auf „e" oder „er" abgeschwächt wurden. So steht dann auf dem 500er-Schein „fimm hundrad kronur" statt wie im dänischen „fem hundrede kroner".

Und schließlich setzen sich die heute knapp 50.000 Färinger noch durch ein weiteres Charakteristikum vom dänischen Mutterland ab. Während man sich dort nie mit dem Gedanken anfreunden konnte, dem Euro beizutreten, sieht das auf den Inseln ganz anders aus.

Zu Beginn der Finanzkrise gab es starke Bestrebungen, der Gemeinschaftswährung beizutreten, wie es damals auch in Island diskutiert wurde. 2009 stellten die Färöer sogar einen Antrag auf Mitgliedschaft in der Euro-Zone. Allerdings, und das wundert wohl niemanden, wird dieses Ziel seit Beginn der Krise im Euro-Raum Anfang 2010 nicht mehr aktiv verfolgt.

Gibraltar

Moderne Felsenkönigin

E s geht um einen Felsen, um einen nackten Felsen auf einer Halbinsel im Mittelmeer. Seit zwei Jahren schon werden die Briten, die diesen Landfetzen namens Gibraltar halten, von den Spaniern belagert. Doch dann, Ende November 1781, versuchen sie einen Ausfall, attackieren die feindlichen Truppen. Die ziehen sich fluchtartig zurück und lassen ihren Kommandeur Don José de Barboza allein. Dieser jedoch, tödlich verwundet, lehnt jegliche Hilfe von den Briten ab, die ihn umzingelt haben. Lieber stirbt er den Heldentod.

So zumindest sah die Szene der Maler John Trumbull. Er fertigte 1789 das Gemälde an, das diese Geschichte erzählt und

Fläche: 6,8 km^2
Einwohner: 29.752
Amtssprache: Englisch
1 Gibraltar Pfund = 100 Pence
Scheine in Umlauf: 5, 10, 20, 50, 100 Pfund
1 Euro = 0,84 Pfund

das heute auf der Rückseite des 10-Pfund-Scheines von Gibraltar zu sehen ist. Es ist eine Schlüsselszene der Geschichte dieses Felsens, denn von 1779 bis 1783 fand der letzte militärische Versuch Spaniens statt, die britische Kolonie zurückzuerobern. Doch letztlich scheiterte auch diese sogenannte „Große Belagerung" (The Great Siege).

Über 300 Jahre schon befindet sich Gibraltar im Besitz der britischen Krone, und praktisch genauso lange erhebt Spanien Anspruch auf die Halbinsel. Erst in den vergangenen 25 Jahren hat sich der Streit etwas gelegt, seither sind beide Seiten um Entspannung bemüht. Die neuen Scheine, die seit 2010 in Umlauf sind, können dabei durchaus auch als Zeichen des guten Willens gewertet werden. Denn die Belagerung von 1779 bis 1783 wurde von den Briten letztlich zwar abgewehrt. Die dargestellte Szene auf der 10-Pfund-Banknote zeigt aber eben einen spanischen Helden.

Alte britische Heldengestalten wie Admiral Horatio Nelson oder Winston Churchill, die zuvor abgebildet waren, wurden mit den neuen Scheinen dagegen entsorgt. Es dominieren nunmehr Ansichten von Gibraltar, wie der Casemates Square auf dem 50er–Schein, der zentrale Platz in der Stadt, oder die maurische Burg, die über dem Platz thront. Von hier aus sollen die muslimischen Araber ab dem Jahr 711 die Eroberung Spaniens in Angriff genommen haben.

Ihr Anführer war damals Tariq ibn Ziyad, auf den auch der Name Gibraltars zurückgeht: Dschabal al Tariq bedeutet „der Fels des Tariq". Auf dem alten 5-Pfund-Schein war Tariq ibn Ziyad abgebildet. Doch auch er musste mit der neuen Banknotenserie weichen. Geblieben ist dagegen natürlich der Wert der Scheine, der eins zu eins dem Wert des britischen Pfundes entspricht. Scheine aus Gibraltar können jedoch auf den Britischen Inseln nicht genutzt werden.

Und erhalten blieb auf den neuen Scheinen auch die britische Königin, die weiterhin alle Vorderseiten der Scheine dominiert. Auffällig ist jedoch die anmutige Darstellung, bei der das Porträt halb transparent gehalten ist und die gut mit dem insgesamt sehr modernen Design der neuen Banknotenserie harmoniert. Davon waren auch die Mitglieder der International Bank Note Society so angetan, dass sie die 100-Pfund-Note bei der Wahl der Banknote des Jahres 2011 auf den dritten Platz wählten, hinter Scheinen aus Kasachstan und Kanada.

Guernsey

Die Wiege des Banknotendrucks

Die Insel Guernsey, in der Meerenge zwischen Großbritannien und Frankreich gelegen, ist sogenannter Kronbesitz. Das bedeutet, dass sie nicht Teil des britischen Königreiches ist und somit auch nicht der Europäischen Union angehört. Sie untersteht vielmehr direkt der britischen Krone, also Königin Elizabeth II. Wenn Guernsey daher heute eigene Geldscheine herausgibt, wie dies im britischen Königreich auch andere Landesteile tun, beispielsweise auch Schottland oder Nordirland, so ist nur folgerichtig, dass darauf prominent die Queen zu sehen ist. Schließlich gehört ihr das Eiland ja.

Fläche: 78 km²
Einwohner: 62.431
Amtssprachen: Englisch, Französisch
1 Guernsey Pfund = 100 Pence
Scheine in Umlauf: 1, 5, 10, 20, 50 Pfund
1 Euro = 0,84 Pfund

Doch so logisch dies erscheint, so neu ist diese Entwicklung doch. Denn erst seit Mitte der 90er-Jahre ist Elizabeth II. auf den Pfund-Noten Guernseys zu sehen. Zuvor dagegen waren auf ihnen prominente Persönlichkeiten der Insel selbst abgebildet. Diese lange Weigerung Guernseys, die Königin auf die Scheine zu lassen, mag mit einer gewissen anti-royalistischen Stimmung auf der Insel zu tun haben. Zumindest gab es in den vergangenen Jahrzehnten immer wieder Diskussionen um eine völlige Unabhängigkeit von Großbritannien. Und Guernsey unterstützte schon im englischen Bürgerkrieg von 1642 bis 1649 das Parlament unter Führung von Oliver Cromwell, während die Nachbarinsel Jersey auf Seiten der Krone stand. Jersey hat im Gegensatz zu Guernsey die Königin auch bereits seit vielen Jahrzehnten auf seinen Pfund-Noten abgebildet.

Allerdings hat Guernsey auch einige wichtige Persönlichkeiten zu bieten, deren Abbildung naheliegt. Von besonderer Bedeutung ist dabei Thomas de la Rue, der bis zur Verdrängung durch die Queen die 5-Pfund-Banknote der Insel zierte. Er war 1793 auf Guernsey geboren worden und begann schon bald eine Karriere als Druckereibesitzer. Nach einigen Jahren im Geschäft siedelte er nach London über und wurde dort vermögend durch den Druck von Spielkarten, später dann von Briefmarken.

Schließlich begann seine Firma auch Banknoten zu drucken – und in diesem Geschäft ist De La Rue auch nach wie vor ein international tätiges Unternehmen. Die Scheine einer ganzen Reihe von Ländern werden heute von den Nachfahren des Druckers aus Guernsey hergestellt. De la Rue gehört zu den wichtigsten Spielern auf dem Markt der Banknotenherstellung.

Dennoch ist Thomas de la Rue vor einigen Jahren auf den Scheinen aus Guernsey der Königin gewichen, die nun alle Vorderseiten schmückt. Nur auf einer Sonderausgabe der

1-Pfund-Note erschien de la Rue dann 2013 plötzlich doch wieder – anlässlich des 200. Jahrestages der Gründung seiner ersten Publikation, des „Mirroir de la Politique". Ein Exemplar der Zeitung ist im Hintergrund zu sehen.

Auf den Rückseiten der Scheine sind Landschaften der Insel dargestellt. Auf dem 50-Pfund-Schein findet sich dabei zusätzlich ein sogenannter „Letter of Marque", zu Deutsch „Kaperbrief". Damit erhielten Privatleute von der Regierung das Recht verliehen, auf Kaperfahrt zu gehen und Schiffe fremder Nationen aufzubringen. Die Einwohner von Guernsey hatten eine lange Tradition in diesem Geschäft, begünstigt durch die Nähe zu Frankreich und die Lage inmitten einer wichtigen Schifffahrtsroute.

In den vergangenen Jahrzehnten verlegte sich diese

Form der Piraterie jedoch vermehrt ins Finanzwesen – durch laxe Steuergesetze und geringe Transparenzanforderungen wurden unzählige Eigenkapitalfonds angezogen, die heute auf Guernsey oder der Nachbarinsel Jersey ihren Sitz haben. Im Gegensatz zur Schiffskaperei ist diesem Geschäft bis heute nicht der Garaus gemacht worden.

Island

Im Reich der Trolle und Elfen

D ie Namen isländischer Banken klingen für uns stets etwas drollig. Landsbanki, Kaupthing und Glitnir sind vielen noch aus der Hochzeit der Finanzkrise bekannt, als die Institute allesamt verstaatlicht werden mussten. Aber auch Seðlabanki klingt eher nach einem Troll aus einer nordischen Sage. Doch hierbei handelt es sich um die Notenbank des Landes, deren Name auf allen Kronen-Scheinen prangt. „Seðla" bedeutet dabei schlicht „Schein" – selbst Profanes klingt auf Isländisch meist archaisch.

Das gilt auch für die Wertangaben auf den Banknoten. „Fimm hundrud kronur" (500 Kronen) oder „tvö þusund kronur" (2000 Kronen) hört sich in unseren Ohren vertraut an, wirkt aber doch auch gleichzeitig so fern.

Fläche: 103.001 km^2
Einwohner: 324.000
Amtssprache: Isländisch
1 Isländische Krone = 100 Aurar
Scheine in Umlauf: 10, 50, 100, 500, 1000, 2000 Kronur
1 Euro = 156 Kronur

Das liegt daran, dass das Isländische viele alte germanische Wortendungen konserviert hat, die im Deutschen in den vergangenen 1000 Jahren zu -er oder -en abgeschliffen wurden. Wir schauen daher auf den isländischen Geldscheinen auch ein wenig in die Sprachwelt unserer Urahnen.

Auf diese Urtümlichkeit ihrer Sprache sind viele Isländer stolz, ebenso wie auf die mystischen Sagen wie die „Edda". Folglich spielt diese Tradition auch auf den Banknoten eine Rolle. Auf dem 1000-Kronen-Schein ist Brynjólfur Sveinsson zu sehen, der im 17. Jahrhundert Bischof von Skálholt war. Bekannt wurde er vor allem dadurch, dass er alte nordische Schriften edierte und weitergab.

Erst vor vier Jahrzehnten starb dagegen der Maler Jóhannes Sveinsson Kjarval, der auf dem 2000-Kronen-Schein gezeigt wird. Doch auch er ist ein Bindeglied zur alten Kultur der Isländer, denn seine Bilder sind geprägt von Trollen, Elfen und anderen mythischen Darstellungen. Ein von ihm gemaltes Bild, das exemplarisch für diesen Stil ist, kann auf der Rückseite des Scheines bewundert werden.

Für Frauen war dagegen auf Islands Banknoten bis vor Kurzem kein Platz. Erst mit der Auflage eines 5000-Kronen-Scheins wurde eine Repräsentantin der Kultur des Landes gesucht. Man fand sie im 17. Jahrhundert in der Person von Ragnheiður Jónsdóttir. Sie war die Frau eines Bischofs, und ihre Leistung bestand vor allem in der künstlerischen Gestaltung von Stickmotiven. Es gab in der Geschichte der Menschheit sicherlich größere Errungenschaften, aber so kam es immerhin auch zu einer kreativen Darstellung der Wertangabe auf dem entsprechenden Schein, die in einem Stickmuster gehalten ist.

Seit Oktober 2013 gibt es zudem noch eine Banknote zu 10.000 Kronen. Sie zeigt Jónas

Hallgrímson, Dichter und Naturwissenschaftler, der im 19. Jahrhundert großen Anteil an der Entstehung der isländischen Nationalbewegung hatte. Er wird heute im Land daher als Nationalheld verehrt.

Auf der Rückseite des Scheines ist eine Handschrift mit seinem Gedicht „Fjallið Skjaldbreiður" (Berg Skjaldbreiður) zu sehen, dazu die Umrisse des Berges sowie Schwalben und ein Regenpfeiffer. Hier sind die Geldscheine dann doch in der Moderne angekommen.

Jersey

Wo uns die Queen französisch vorkommt

In Großbritannien gilt das Pfund. Doch so einfach und selbstverständlich das klingt, so simpel ist es nicht. Denn es gibt in Großbritannien ganz unterschiedliche Pfund-Noten – englische, schottische, nordirische und auch solche von den Kanalinseln. Sie sind zwar im Wert identisch, aber nicht überall einsetzbar. So können die Noten der Kanalinseln beispielsweise nicht auf dem Festland genutzt werden. Erkennbar sind diese Scheine an einem eigenen Design. Und die Noten aus Jersey bieten dabei noch einige zusätzliche Besonderheiten.

Fläche: 118 km²
Einwohner: 97.857
Amtssprachen: Englisch, Französisch
1 Jersey Pfund = 100 Pence
Scheine in Umlauf: 1, 5, 10, 20, 50, 100 Pfund
1 Euro = 0,84 Pfund

Charakteristisch für Jersey ist seine Lage zwischen England und Frankreich, wobei die Entfernung zu Frankreich wesentlich geringer ist als jene zum Mutterland. Das wiederum dürfte der Grund dafür gewesen sein, dass auf der Insel lange Zeit französische Livre-Münzen in Gebrauch waren. Erst 1834, einige Jahre nachdem Frankreich auf Franc umgestellt hatte, wurde das Pfund Sterling auch auf Jersey alleiniges gesetzliches Zahlungsmittel. Von Beginn an wurden dabei aber eigene Banknoten gedruckt.

Auffällig ist auf den aktuellen Banknoten zunächst die Bezeichnung der herausgebenden Region als „The States of Jersey", also der Gebrauch der Mehrzahlform. Der Grund dafür liegt in der Tatsache, dass zur Hauptinsel Jersey noch einige weitere kleine Inseln und Felsen in der Umgebung gehören, die allerdings heute unbewohnt sind. Gemeinsam bilden sie die sogenannte „Ballei von Jersey", englisch „Bailiwick of Jersey". Eine Ballei war im Mittelalter die Bezeichnung für eine Verwaltungseinheit, beispielsweise auch in den Gebieten des Deutschen Ritterordens.

Die „Ballei von Jersey" ist heute formal kein Teil Großbritanniens und somit auch nicht der Europäischen Union. Vielmehr handelt es sich um Kronbesitz, untersteht also direkt der britischen Krone. Da ist es nur folgerichtig, dass auf allen Vorderseiten der Pfund-Scheine aus Jersey auch ein Porträt der britischen Königin abgebildet ist.

Auf den Rückseiten dagegen sind Landschaftsszenen von der Insel Jersey abgebildet. Umrahmt sind diese jedoch seit Auflegung der neuesten Notenserie mit Angaben in zwei weiteren Sprachen außer Englisch. Zum einen ist die Gebietsbezeichnung in Französisch angegeben (États de Jersey), denn Französisch ist bis heute die zweite Amtssprache der Insel. Auch die Wertangabe ist auf Französisch abgedruckt (z. B. „Dix Livres").

Diese Wertangabe erfolgt jedoch zusätzlich auch noch in Jèrriais (z. B. Dgiêx Louis). Dabei handelt es sich um die Sprache, die traditionell auf Jersey gesprochen wird. Sie

gilt als ein Dialekt des Französischen und ist dabei den sogenannten normannischen Dialekten zugeordnet. Dazu gehörte beispielsweise auch das Französisch der englischen Oberschicht im Mittelalter. Auch auf den Inseln Alderney und Sark werden heute noch ähnliche Dialekte gesprochen.

Die Einheimischen bezeichnen Jèrriais oft auch als „Jersey French". Gesprochen wird es heute allerdings kaum noch, die Sprache ist vom Aussterben bedroht. Der letzten Volkszählung von 2001 zufolge sprechen im Alltag nur noch 113 Menschen überwiegend diese Sprache. Die Geldscheine sind damit nun die letzte sichere Bastion des Jèrriais. Wenigstens darauf wird sie hoffentlich langfristig überleben.

Kroatien

Auf den Spuren des Marders

E s scheint klar: Der Name „Kuna" kommt von Krone, schließlich haben auch viele andere Länder ihre Währung so benannt, und Tschechiens Version („Koruna") klingt ja ganz ähnlich. Manch Kroatien-Urlauber hat sich so den Namen des Geldes schon erklärt. Doch leider ist dieser so naheliegende Schluss falsch. Kuna heißt auf Kroatisch „Marder".

Fläche: 56.594 km²	
Einwohner: 4,3 Mio.	
Amtssprache Kroatisch	
1 Kuna = 100 Lipa	
Scheine in Umlauf: 5, 10, 20, 50, 100, 200, 500, 1000 Kuna	
1 Euro = 7,65 Kuna	

Das ist nicht etwa Versehen oder Zufall, sondern dahinter steht eine lange Historie. Denn bis ins zwölfte Jahrhundert wurden in weiten Teilen Osteuropas Tierfelle als Währung benutzt, Pelze von Eichhörnchen, Hermelin, aber eben auch von Mardern. Als später Silbermünzen geprägt wurden, entsprach ihr Wert zunächst einer festen Anzahl von Fellen. Im Reich der Kiewer Fürsten gab es daher den Begriff „Griwna Kun" – Griwna hieß eine Silbermünze. Die Ukraine benannte danach ihre Währung.

In Kroatien hießen die Silbermünzen im 13. Jahrhundert dagegen Banovac. Darauf war ein Marder geprägt, und auch im Wappen Kroatiens ist heute ein Marder zu sehen. Zur Zeit des Ustascha-Regimes zwischen 1941 und 1945 gab es dann erstmals eine Währung des Namens Kuna, die jedoch mit der Gründung des sozialistischen Jugoslawiens wieder verschwand.

Nach der Unabhängigkeit Kroatiens 1991 galt zunächst drei Jahre lang der kroatische Dinar. Er verlor jedoch in Windeseile an Wert. Ende 1994 wurden daher 1000 Dinar durch eine Kuna ersetzt. Der heutige Umtauschkurs zum Euro liegt dagegen relativ stabil etwa bei eins zu sieben – was manchen vielleicht an den früheren Umtauschkurs zwischen Deutscher Mark und Österreichischem Schilling erinnern mag.

So jung der moderne Staat und dessen Währung auch sind, die Kuna-Scheine sollen das Bild einer langen kulturellen und staatlichen Tradition vermitteln. Dazu werden auf der Vorderseite Persönlichkeiten gezeigt, die sich im Lauf der Jahrhunderte, als es keinen kroatischen Staat gab, um Sprache, Kultur oder Nation verdient machten. Dazu gehört Juraj Dobrila, der auf dem 10-Kuna-Schein zu sehen ist. Er war im 19. Jahrhundert als Priester und Bischof in Kroatien tätig, das damals zu Österreich-Ungarn bzw. zu Italien gehörte. Er förderte die Einführung des Kroatischen in den Schulen und spornte slawische Bauern an, sich gegen ihre italienischen Herren aufzulehnen.

Stjepan Radic (200-Kuna) gründete 1905 die kroatische Bauernpartei und sprach sich nach dem Ersten Weltkrieg gegen eine Vereinigung Kroatiens, Sloweniens und Serbiens zum Königreich Jugoslawiens aus.

Auf den Rückseiten zeigen die Scheine verschiedene kroatische Städte, wie Dubrovnik (50 Kuna), Split (500 Kuna) oder auch die vom Unabhängigkeitskrieg zu Beginn der 90er-Jahre besonders getroffenen Städte Osijek (200 Kuna) und Vukovar (20 Kuna). Auch hier wird jedoch auf die Geschichte Bezug genommen. So wird auf dem 1000-Kuna-Schein die Statue von König Tomislav gezeigt, die in Zagreb steht. Er regierte im 10. Jahrhundert als erster kroatischer König.

Noch weiter zurück blickt die Banknote zu 20 Kuna, die wieder auf die Tierwelt Bezug nimmt. Allerdings geht es diesmal nicht um Marder. Vielmehr ist die sogenannte Vučedol Taube zu sehen. Dabei handelt es sich um ein jungsteinzeitliches Tongefäß aus der Zeit von 2800 bis 2500 vor Christus, das der Vučedol-Kultur zugeschrieben wird. Sie soll im Gebiet Kroatiens zu jener Zeit beheimatet gewesen sein. Bei ihr ist jedoch sicher: Mit dem heutigen Kroatien hat sie nichts zu tun.

Litauen

Nationale Bruchlandungen

F lugzeugunglücke, gerade wenn sie in der Pionierzeit der Luftfahrt geschahen, haben in diversen Ländern einen Mythos begründet. Man denke nur an das tragische Unglück des deutschen Luftschiffes Hindenburg 1937 bei der Landung im amerikanischen Lakehurst, dessen Geschichte noch heute jeder Deutsche kennt. Nur wenige Jahre davor, 1933, wurde auch Litauen von einem ähnlichen Schlag getroffen, der sich ins nationale Bewusstsein eingebrannt hat – und auf dem 10-Litas-Schein verewigt wurde.

Fläche: 65.300 km²
Einwohner: 2,98 Mio.
Amtssprache: Litauisch
1 Litas = 100 Centas
Scheine in Umlauf: 10, 20, 50, 100, 200, 500 Litas
1 Euro = 3,45 Litas

Damals hatten die beiden Piloten Steponas Darius und Stasys Girėnas versucht, mit ihrem Flugzeug, das sie „Lituanica" getauft hatten, nonstop von New York bis Kaunas, der damaligen litauischen Hauptstadt, zu fliegen. Es wäre der zweitlängste Nonstop-Flug der damaligen Zeit gewesen – wenn die beiden nicht kurz vor ihrem Ziel, in der Nähe der Stadt Soldin (heute: Myślibórz), die südöstlich von Stettin liegt, abgestürzt wären. Die genauen Umstände konnten nie ermittelt werden, wahrscheinlich war schlechtes Wetter die Ursache.

Auf der Vorderseite des 10-Litas-Scheines sind Darius und Girėnas heute zu sehen, auf der Rückseite ihr Flugzeug, wie es über dem Atlantik schwebt. Die beiden waren in Jugendjahren in die USA ausgewandert und hatten amerikanische Pässe, waren jedoch nach der Unabhängigkeit ihres Heimatlandes zumindest teilweise wieder zurückgekehrt. Auch heute werden sie dort als Volkshelden verehrt.

Die Unabhängigkeit musste sich Litauen, wie die anderen Baltenstaaten, gleich zwei Mal erkämpfen. Der erste Staat, der 1918 ausgerufen worden war, wurde 1940 von sowjetischen Truppen besetzt und annektiert. Diese Besatzung dauerte bis 1990, dann erklärte sich Litauen erneut für unabhängig, als erste der damaligen Sowjetrepubliken. Kein Wunder, dass der Weg zur Werdung der Nation auf den Geldscheinen besonders großen Platz einnimmt.

So zeigt der 20-Litas-Schein den Romantik-Dichter Maironis, der im 19. Jahrhundert vehement gegen die Russifizierung seiner Heimat kämpfte. Auf der Rückseite ist die Freiheitsstatue von Kaunas zu sehen, die in der Zwischenkriegszeit errichtet worden war, dahinter das Vytautas-Magnus-Militärmuseum, in dem übrigens die Überreste der „Lituanica" ausgestellt sind.

Auch der Historiker Simonas Daukantas auf dem 100er, der Philosoph Vydūnas auf dem 200er und der Schriftsteller Vincas Kudirka auf dem 500er-Schein hatten wesentlichen Anteil am Entstehen des litauischen Nationalgefühls Ende des 19. und zu Beginn des 20.

Jahrhunderts. Auf der Rückseite des 500ers ist zudem die „Glocke der Freiheit" zu sehen, die in einem bekannten Gedicht vorkommt.

Jonas Basanavičius, der auf der 50-Litas-Note zu sehen ist, war derjenige, der 1918 die Unabhängigkeitserklärung unterschrieb und daher oft als „Vater der Nation" bezeichnet wird. Dieser Schein weist aber noch eine Besonderheit auf. Denn schon 1928 wurde ein 50-Litas-Schein gedruckt, der dem heutigen sehr ähnlich sah. Auch damals erschien darauf Basanavičius, und dazu, damals wie heute, auf der Rückseite die Kathedrale des Heiligen Stanislaus von Wilnius sowie der Berghügel mit der Gediminasburg. Das erste Mal zirkulierte der

Schein rund zwölf Jahre, bis zur Besetzung durch sowjetische Truppen, nun ist er schon über zwei Jahrzehnte in Umlauf. Und doch könnten seine Tage gezählt sein. Denn Litauen möchte dem Euro beitreten. Schon einmal ist dieses Vorhaben jedoch gescheitert. Eigentlich wollte das Land zum 1. Januar 2007 Teil der Währungsunion werden, es erfüllte jedoch das Inflationskriterium nicht. Diese lag über dem Schnitt der Euro-Zone – um 0,06 Prozentpunkte.

Für viele Litauer war diese Zurückweisung sehr bitter, allerdings erscheint sie im Nachhinein gerechtfertigt, denn in den folgenden Jahren erreichte die Preissteigerung Werte von über zehn Prozent. Doch Litauen hält am Ziel fest. Nun wird 2015 anvisiert, und man hofft, dass es diesmal nicht erneut zu einer Bruchlandung kommt.

Isle of Man

Insel der Kuriositäten

Die Isle of Man ist ein seltsames Gebilde. Sie ist zwar Teil der Britischen Inseln, gehört aber nicht zum Vereinigten Königreich und folglich auch nicht zur Europäischen Union. Die Insel zwischen Irland und England ist vielmehr direkter Besitz der Krone, regiert wird sie von einem Gouverneur und einem Parlament, das den altertümlichen Namen Tynwald trägt. Angeblich ist es das älteste Parlament der Welt, gegründet vor über 1000 Jahren von den Wikingern.

Viele der Kuriositäten spiegeln sich auch auf den Geldscheinen wider, die das Schatzamt der Insel herausgibt. So ist auf sämtlichen Scheinen zwar Queen Elizabeth II. zu sehen, allerdings ohne Krone. Man könnte meinen, dies rühre daher, dass sie auf der Isle of Man zwar das offizielle Staatsoberhaupt ist, jedoch nicht als Königin, sondern lediglich als so genannter „Lord of Man".

Allerdings: Auf der Banknote zu 50 Pfund ist sie doch mit Krone zu sehen. Warum, weiß man allerdings selbst auf der Insel nicht so genau. Der 50-Pfund-Schein wurde erst viel später als die anderen erstmals herausgegeben. „Nach unseren Informationen wählte man dabei einfach ein anderes Foto und Design", heißt es im Schatzamt der Insel. Und zufälligerweise trug die Queen da nun mal wieder eine Krone.

Neben der Königin ist das Wappen der Insel abgebildet, das ebenfalls bizarr anmutet. Zu sehen sind drei Beine, die von einem mittleren Zentrum aus in drei verschiedene Richtungen zeigen, mit abgewinkelten Knien, als würden sie rennen. Das Symbol, auch als Triskele bezeichnet, stammt wohl aus der Zeit zwischen dem 10. und 13. Jahrhundert – genau kann es nicht datiert werden. Auch die Bedeutung ist nicht klar, ähnliche Symbole gab es jedoch schon deutlich früher, unter anderem gehört auch die (viererarmige) Swastika in diese Gruppe.

Darunter ist das Lateinische „Quocunque jeceris stabit" zu lesen, zu Deutsch: Wie auch immer du es wirfst, es wird stehen. Dieses Motto verbreitete sich erst im 17. Jahrhundert auf der Insel. Es nimmt offenbar Bezug auf das dreibeinige Symbol und soll die Standhaftigkeit der Inselbewohner ausdrücken.

Nicht weniger ungewöhnlich sind die Rückseiten der Scheine, denn hier gibt es gleich zwei weltweit einmalige Besonderheiten zu bestaunen. So ist auf dem 20-Pfund-Schein das Wasserrad von Laxey abgebildet, angeblich das größte noch in Betrieb befindliche Wasserrad auf der ganzen Welt. Es ist rund 22 Meter hoch und dient seit mehr als 150

Fläche: 572 km²	
Einwohner: 84.500	
Amtssprachen: Englisch, Manx	
1 Isle of Man Pfund = 100 Pence	
Scheine in Umlauf: 1, 5, 10, 20, 50 Pfund	
1 Euro = 0,84 Pfund	

Jahren dem Transport von Wasser zu Minen und Industriestandorten der Insel.

Einen Rekord ganz anderer Art dagegen weist der 5-Pfund-Schein auf. Darauf ist die Burg Rushen zu sehen, die wahrscheinlich im 12. und 13. Jahrhundert gebaut wurde. Das allein wäre nichts Besonderes, doch zusätzlich zur Burg ist im Vordergrund noch der „Glue Pot" abgebildet, ein alter Pub in unmittelbarer Nähe der Burg. Diese 5-Pfund-Note ist damit der einzige Geldschein der Welt, der eine Kneipe abbildet.

Die übrigen Abbildungen sind unspektakulärer – sie reichen von einer Ansicht der Bucht der Hauptstadt Douglas (50 Pfund) über die Burg Peel (10 Pfund), die einst von den Wikingern erbaut wurde, bis zum Tynwald-Hügel (1 Pfund). Dort findet seit 1417 einmal pro Jahr eine Ver-

sammlung des Parlaments statt, bei der Beamte vereidigt und Gesetze offiziell verkündet werden.

Diese Gesetze haben dazu geführt, dass die Insel heute weniger als Kuriositätenkabinett denn als Steueroase bekannt ist. Es gibt weder Körperschaft- noch Erbschaft- oder Kapitalertragsteuer. Viele Firmen und Banken haben daher Briefkästen auf der Insel, um so die Steuerpflicht an ihren eigentlichen Standorten zu umgehen. Noch so eine Besonderheit der Isle of Man, die sie auf ihren Banknoten aber wohlweislich nicht hervorhebt.

Mazedonien

Erzengel Gabriel in Konfliktregion

D er Engel sprach: Fürchte dich nicht, Maria! Denn du hast Gnade bei Gott gefunden. Und siehe, du wirst schwanger werden und einen Sohn gebären, und du sollst seinen Namen Jesus nennen. So berichtet das Lukas-Evangelium über die Ankündigung der Geburt Jesu. Der Engel ist Gabriel, und ihm hat Mazedonien auf seinen Geldscheinen ein Denkmal gesetzt. Denn auf dem 50-Denar-Schein ist er abgebildet. Vorbild dafür war eine Freske aus der Sankt-Georgs-Kirche von Kurbinovo. Diese würde man auf den ersten Blick wahrscheinlich von außen eher für eine kleine Hütte halten. Sie ist jedoch durch ihre Fresken, die vom Ende des 12. Jahrhunderts stammen, weltberühmt.

Fläche: 25.713 km^2
Einwohner: 2,1 Mio.
Amtssprache: Mazedonisch
1 Denar = 100 Deni
Scheine in Umlauf: 10, 50, 100, 500, 1000, 5000 Denar
1 Euro = 61,78 Denar

Auch die anderen Geldscheine zeigen allesamt antike Bauwerke oder Gegenstände. Am weitesten zurück, bis ins zweite Jahrhundert vor Christus, geht dabei eine Isis-Statue, die auf dem 10-Denar-Schein zu sehen ist. Sie stammt aus der Gegend von Ohrid, wie auch diverse andere Objekte, die gezeigt werden, beispielsweise eine goldene Totenmaske (100 Denar) oder eine Madonnen-Ikone (1000 Denar).

Ohrid hat eine jahrtausendealte Geschichte und war seit dem 9. Jahrhundert lange Zeit ein religiöses und kulturelles Zentrum der Bulgaren. Auch später, unter den Osmanen behielt die Stadt eine herausragende Stellung, und selbst in der Zeit des sozialistischen Jugoslawiens wurde die Stadt sogar zum nationalen Kulturdenkmal erklärt. Seit 1980 zählt sie zum UNESCO-Weltkulturerbe.

Der Rückgriff auf die Antike bzw. das Mittelalter bei den Darstellungen auf den Geldscheinen hat den Vorteil, dass man die Gegenwart umschiffen kann. Diese ist nämlich höchst kompliziert. So wurden die Begriffe Mazedonier und mazedonische Sprache de facto erst im 20. Jahrhundert geschaffen. Zuvor sahen Linguisten die dortige Sprache als Dialekt des Bulgarischen, ein eigenes mazedonisches Nationalgefühl gab es zuvor ebenfalls nicht. Vor allem die jugoslawische Regierung unterstützte jedoch die Tendenz zu einer eigenen mazedonischen Identität, auch um etwaigen Besitzansprüchen Bulgariens entgegen zu wirken. Ein Resultat ist heute auch, dass die Währung nach mazedonischer Aussprache Denar heißt, und nicht Dinar wie noch in Jugoslawien.

Der Alltag in Mazedonien ist allerdings von Gegensätzen zwischen Volksgruppen und Religionen geprägt. Nicht einmal der Name Mazedonien ist unumstritten, da Griechenland darin einen Besitzanspruch auf die gleichnamige nordgriechische Region vermutet. Im Land gibt es zudem eine große albanische Minderheit, die wiederum teilweise dem

Islam angehört. Beides – Islam und Albaner – kommen auf den Scheinen jedoch nur ganz versteckt vor, nämlich auf dem 100-Denar-Schein.

Darauf ist auf der Rückseite eine alte Stadtansicht von Skopje zu sehen, worauf bei genauem Hinsehen einige Minarette zu entdecken sind. Auf die Stadt blickt der Betrachter dabei durch ein Fenster, das charakteristisch für die Häuser der Albaner ist. Man muss also sehr genau hinschauen, um zwischen all den antiken Details einen Hinweis auf die Gegenwart zu erkennen.

Moldau

Von Schafen und Löwen

Einen Löwen sucht man vergebens auf den Geldscheinen der Republik Moldau, wie das Land offiziell heißt, das häufig auch als Moldawien bezeichnet wird. Und das, obwohl die Währung, genau wie jene im benachbarten Rumänien, nach diesem Tier benannt ist: Leu, im Plural Lei.

Fläche: 33.848 km²	
Einwohner: 3,6 Mio.	
Amtssprache: Moldawisch (Rumänisch)	
1 Leu = 100 Bani	
Scheine in Umlauf: 1, 5, 10, 20, 50, 100, 200, 500, 1000 Lei	
1 Euro = 18,25 Lei	

Dafür wird dem Betrachter aber deutlich gemacht, dass der kleine Staat am Rand Europas eigentlich Teil eines größeren Ganzen ist, dessen Historie bis zu den alten Römern reicht. So ist auf den Vorderseiten aller Scheine Ștefan cel Mare abgebildet, bei uns als Stefan der Große mehr oder weniger bekannt. Er herrschte im 15. Jahrhundert als Fürst in einer Region, die in etwa dem heutigen Gebiet der Republik Moldau entspricht.

Ein rumänisches Nationalbewusstsein gab es damals zwar noch nicht, aber er wird heute sowohl in Moldau als auch in Rumänien als wichtigster Verteidiger der Rumänen gegen Türken und Ungarn gesehen und auch in beiden Ländern entsprechend verehrt. Sein Bild auf dem Geldschein stellt somit auch eine Verbindung zu Rumänien her.

Diese wird noch verstärkt durch kleinere Elemente, die nicht auf den ersten Blick erkennbar sind. So ist in einem Kreis auf der Vorderseite der Text „Pe-un picior de plai, Pe -o gură de rai" zu lesen. Dieser stammt aus der „Miorița", dem rumänischen Nationalepos, das auch heute noch jeder in Rumänien und Moldawien kennt.

In der Geschichte treffen drei Schäfer aus Moldawien, Transsilvanien und der Walachei aufeinander, wobei das Schaf Miorița dem Schäfer aus Moldawien mitteilt, dass er von den anderen getötet werden wird. Dieser geht jedoch nicht zum Angriff über, sondern spricht vielmehr lange mit dem Tier und erklärt ihm, dass er bei seinen Schafen bestattet werden möchte. Den anderen solle das Schaf zudem sagen, dass er eine Prinzessin geheiratet habe. Ursprünglich war dieses Epos eine Allegorie auf den Kampf zwischen den verschiedenen rumänischen Regionen, die letztlich aber doch zusammengehören.

Auf den Rückseiten werden Kirchen, Klöster, Festungen oder sonstige Gebäude aus Moldawien gezeigt. Auf dem 5-Lei-Schein ist beispielsweise die Kirche zum heiligen Demetrios von Orhei abgebildet. Der Zehner zeigt das Kloster Hirjauca in der Region Călărași .

Mit der Festung Tighina, die auf dem 100-Lei-Schein abgebildet wird, ist auf den Scheinen jedoch ein Baudenkmal darunter, über das Moldawien heute keine direkte Kontrolle mehr hat, da es von der Sezession des Gebietes östlich des Flusses Dnister betroffen ist.

1992 spaltete sich diese Region, die mehrheitlich von Russen bewohnt ist, nach einem kurzen Krieg ab. Völkerrechtlich gehört es zwar nach wie vor zu Moldawien, de facto regiert dort jedoch eine russische Verwaltung, die zudem auch eine eigene Währung, den Transnistrischen Rubel, in Umlauf gebracht hat. Die Festung Tighina liegt dabei in einer Pufferzone zwischen Moldawien und Transnistrien.

Und noch etwas, das eigentlich jenseits der Grenzen des Landes liegt, zeigen die Geldscheine. Denn links von den Kirchen und Festungen ist auf den Rückseiten jeweils ein weiterer Kreis zu sehen, und darin ist die Trajanssäule von Rom abgebildet, die anlässlich des Sieges Kaiser Trajans (98-117 n. Chr.) gegen die Daker errichtet wurde. Auf die Verschmelzung der römischen Kultur mit jener der Daker und der Geten führen die Rumänen jedoch ihre ethnische Herkunft zurück. Und so macht die Republik Moldau nicht nur ihre Verbindung zu Rumänien, sondern auch zum Rest Europas deutlich.

Nordirland

Wenn Iren sich im Land der Dänen wähnen

Dass nur Notenbanken Geldscheine herausgeben dürfen, ist noch eine relativ neue Entwicklung. Denn ursprünglich war das Papier ja nur eine Art Schuldschein, der jederzeit gegen Goldmünzen eingetauscht werden konnte. Daher konnten auch Geschäftsbanken die Scheine drucken. In einigen Ländern ist das noch heute so, allen voran in Teilen Großbritanniens.

In Nordirland gibt es heute sogar vier Kreditinstitute, die Banknoten herausgeben: die Bank of Ireland, die Ulster Bank, die First Trust Bank und die Northern Bank. Sie müssen die in Umlauf gebrachten Scheine lediglich durch entsprechende Guthaben bei der Bank of England in London decken. Sie sind aber in der Gestaltung der Banknoten recht frei.

Fläche: 13.843 km²
Einwohner: 1,8 Mio.
Amtssprachen: Englisch, Irisch, Ulster Scots
1 Nordirisches Pfund = 100 Pence
Scheine in Umlauf: 5, 10, 20, 50 Pfund
1 Euro = 0,84 Pfund

Wer daher nach Nordirland reist, kann sich über ein ziemliches Durcheinander in seinem Geldbeutel wundern. Denn natürlich haben alle vier Banken ihre Scheine unterschiedlich gestaltet. Bei der Bank of Ireland und der Ulster Bank beschränkte man sich immerhin auf einheitliche Motive für alle Werte.

So ist auf allen Banknoten der Ulster Bank auf der Vorderseite ein Panorama des Hafens von Belfast zu sehen, auf der Rückseite das Wappen der Bank. Die Bank of Ireland zeigt vorne stets Hibernia, eine fiktive Frauengestalt, die die Insel Irland versinnbildlichen soll (lat. Hibernia = Irland). Der Gegensatz zu dieser mythisch verklärten Vorderseite könnte auf der anderen Seite des Scheines kaum größer sein, denn dort ist auf allen Scheinen die Whisky-Brennerei Old Bushmills zu sehen.

Recht originell ist die Scheinserie der First Trust Bank. Tragendes Element sind eine fiktive männliche und eine weibliche Person, die mit dem Wert der Scheine altern – auf den kleinsten Scheinen werden sie als Kinder gezeigt, auf der 100-Pfund-Note sind sie dagegen als altes Ehepaar zu sehen.

Auf den Rückseiten sind Szenen abgebildet, die auf den Sieg über die spanische Armada Bezug nehmen, einerseits die ganze Flotte, andererseits das Schiff „La Girona", das 1588 vor der nordirischen Küste sank. Der Ort des Untergangs, Lacada Point, wird auf einem weiteren Schein gezeigt.

Die Banknoten der Northern Bank schließlich sind wohl die interessantesten, denn sie zeigen berühmte Persönlichkeiten der nordirischen Geschichte – aufgrund der politischen Spannungen in der Region aber wohlweislich keine Politiker, sondern ausschließlich Erfinder.

Dazu gehören Sir James Martin, der den Schleudersitz für Flugzeuge entwickelt hat, Harry Ferguson, der bei der industriellen Traktorfertigung entscheidende Impulse lieferte, oder auch John Boyd Dunlop auf der 10-Pfund-Banknote. Sein Name dürfte jedem geläufig sein. Er war zwar ursprünglich Schotte, baute seine Reifenfirma jedoch in Nordirland auf.

Diese Erfinder bleiben auch künftig auf den Scheinen der Northern Bank erhalten. Im Übrigen erfahren die Noten derzeit jedoch eine entscheidende Veränderung. Denn das Institut ist von der Danske Bank übernommen worden, und diese hat 2013 den Zusammenschluss komplett gemacht, indem seither die Außendarstellung einheitlich unter dem Namen Danske Bank erfolgt.

In der Folge erhalten nun auch die Geldscheine nach und nach einen neuen Aufdruck: „Danske Bank". Nordirland wird so ein bisschen dänisch. Aber vielleicht finden das einige Nordiren ja sogar gut, als dritten Weg, in einer Provinz, die sich nicht entscheiden kann, ob sie irisch oder britisch sein soll.

Norwegen

Verdrehte Buchstaben

Der Strich, die Stimmung, die Farben – es kommt auch dem Kunstlaien irgendwie bekannt vor, was er auf der Rückseite des norwegischen 1000-Kronen-Scheins sieht. Und tatsächlich, das Gemälde darauf stammt von Edvard Munch, dem bekanntesten norwegischen Maler.

Der Ausschnitt auf dem Schein ist eine Studie des Bildes „Die Sonne", eines seiner Meisterwerke, auch wenn „Der Schrei" im Zweifel bekannter ist. Und auf der Vorderseite ist natürlich der Maler selbst zu sehen, in jungen Jahren.

Was beim Umdrehen des Scheines dem ein oder anderen aber vielleicht ebenfalls auffällt, ist ein Buchstabendreher in der Bezeichnung der Norwegischen Zentralbank. Denn während auf der Vorderseite „Norges Bank" steht, wird sie auf der Rückseite als „Noregs Bank" bezeichnet. Ein Druckfehler? Doch kann es wahr sein, dass die Notenbanker solch einen Fehler tatsächlich nicht bemerkt haben?

Natürlich nicht. Es gibt dafür vielmehr eine einfache Erklärung: Von der norwegischen Schriftsprache gibt es zwei Varianten, die gleichberechtigt nebeneinander existieren. Die eine wird als „Bokmål" bezeichnet (Buchsprache) und basiert auf dem Dänischen. Denn über Jahrhunderte hinweg gehörte Norwegen zu Dänemark, und in dieser Zeit war auch dort das Dänische die übliche Schriftsprache. Nach der Trennung von Dänemark 1814 plädierte jedoch eine national-romantische Bewegung für eine sprachliche Trennung von Dänemark.

Daher schuf der Sprachwissenschaftler Ivar Aasen Mitte des 19. Jahrhunderts auf der Basis der norwegischen Dialekte eine neue Sprache: Nynorsk. Beide Schriftsprachen werden heute parallel benutzt, und so wird die norwegische Zentralbank auf den Scheinen einmal als „Norges Bank" (Bokmål) und einmal als „Noregs Bank" (Nynorsk) bezeichnet.

Noch immer wird heute aber überwiegend das auf dem Dänischen beruhende Bokmål benutzt. Auch die Schriftstellerin Sigrid Undset schrieb in dieser Sprache. 1928 erhielt sie für ihr Schaffen den Nobelpreis, und Norwegen ehrt sie heute auf dem 500-Kronen-Schein. Auf der Rückseite des Geldscheines ist ein mit Blumen bestückter Kranz zu sehen, dessen Verbindung zur Vorderseite nicht sofort offensichtlich ist. Eines der bekanntesten Werke Undsets war jedoch eine Trilogie, deren erster Teil den Titel „Der Kranz" („Kransen") trug.

Fläche: 385.186 km²	
Einwohner: 5,1 Mio.	
Amtssprachen: Norwegisch (Bokmål/Nynorsk)	
1 Norwegische Krone = 100 Øre	
Scheine in Umlauf: 50, 100, 200, 500, 1000 Kroner	
1 Euro = 8,30 Kroner	

Auch die anderen Scheine zeigen auf der Vorderseite berühmte norwegische Persönlichkeiten und auf den Rückseiten jeweils dazu passende Dinge. So ist auf der 200-Kronen-Note der Wissenschaftler Kristian Birkeland abgebildet, der maßgeblich zur Erforschung des Polarlichts beitrug, dazu auf der Rückseite eine Kartenansicht der Hemisphäre nördlich des Polarkreises, wo Polarlichter üblicherweise vorkommen. Die Sängerin Kirsten Flagstad (100 Kronen) erhielt als Ergänzung einen Bauplan des Osloer Opernhauses, der Schriftsteller Peter Christen Asbjørnsen (50 Kronen) dagegen Lilien, Libellen und einen Schlüssel – alles Gegenstände die in den Märchen vorkamen, die er sammelte. Der Schlüssel verweist auf das Märchen „Der Stadelschlüssel im Rocken". Auch Asbjørnsen trug mit seinen Geschichten zur Formung der modernen norwegischen Schriftsprache bei.

Polen

Erinnerungen an die goldenen Zeiten

Selten steht Polen heutzutage im Mittelpunkt des Interesses in Europa. Vielleicht wählte man deshalb für die Zloty-Scheine Motive, die tief ins Mittelalter zurückführen. Denn das war die Zeit, als ganz Europa auf Polen blickte.

Fläche: 312.679 km²	
Einwohner: 38,5 Mio.	
Amtssprache: Polnisch	
1 Złoty = 100 Groszy	
Scheine in Umlauf: 10, 20, 50, 100, 200 Złote	
1 Euro = 4,22 Złote	

Es beginnt auf dem 10-Zloty-Schein mit Fürst Misaca, später Mieszko genannt, der um das Jahr 960 zum Herrscher über die Polanen aufstieg. Deren Name leitet sich vom slawischen Wort für Feld (pole) ab – es waren hauptsächlich Bauern. Sie lebten in der Gegend um die Stadt Gnesen.

Auf dem 20er-Schein folgt Mieszkos Sohn, Boleslaw I. Er soll im Jahre 1000 im sogenannten „Akt von Gnesen" durch Kaiser Otto III. zum König erhoben worden sein. Ob sich dies tatsächlich so zugetragen hat und was in Gnesen damals wirklich passierte, ist unter Historikern umstritten. Spätestens 1025 wurde Boleslaw, der auch den Beinamen „der Tapfere" trägt, jedoch endgültig zum König gekrönt. Und damit begann Polens Aufstieg in Europa.

Auf dem 50er-Schein folgt ein Nachfahre der beiden, Kasimir der Große. Er formte Polen zu einem straff organisierten Staat, und er gründete 1364 die Universität von Krakau. Die Stadt war damals Hauptstadt des Reiches und ein wichtiges kulturelles Zentrum Europas. Die Rückseite des Scheines ziert eine Ansicht der Stadt aus damaliger Zeit.

Mit Kasimir dem Großen starb die Dynastie der Piasten, die Mieszko einst begründet hatte, aus. Nach einigen Jahren der Wirren folgte jedoch 1386 Wladyslaw II. Jagiello, der auf dem 100-Zloty-Schein abgebildet ist, auf den polnischen Königsthron. Sein Haus stammte ursprünglich aus Litauen, und so begründete er die fast 200 Jahre währende Union von Polen und Litauen.

Dieser Staat erreichte unter Sigismund, der von 1504 bis 1548 herrschte und auf dem 200-Zloty-Schein zu sehen ist, den Höhepunkt seiner Macht. Hier endet auf den polnischen Scheinen dann jedoch die Geschichtsschreibung. Aus gutem Grund: Denn Sigismunds Sohn war der letzte Jagiellonen-König. Dieser blieb jedoch kinderlos, und so wurde Polen nach seinem Tod in eine Wahlmonarchie umgewandelt.

Wahlberechtigt waren dabei ausschließlich die Adligen des Landes, die jedoch vorzugsweise schwache Könige wählten, um ihre eigene Stellung nicht in Gefahr zu bringen. Dies führte zu einem allmählichen Niedergang des Königreiches. Am Ende wurde es zwischen Preußen, Russland und Österreich aufgeteilt. Erst nach dem Ersten Weltkrieg erstand Polen neu.

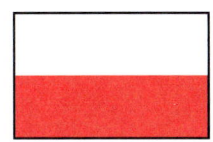

Kurz nach der Neugründung des Staates wurde jedoch auch der Zloty als Währung eingeführt, oder besser: wieder eingeführt. Denn ihn gab es bereits zu der Zeit, als die abgebildeten Monarchen herrschten.

Ursprünglich bezeichnete das Wort jede Art von Goldmünze, denn „zloty" heißt schlicht „der Goldene" – andernorts entstand dafür das Wort „Gulden". Als 1496 die erste polnische Zloty-Goldmünze geprägt wurde, lag ihr Gegenwert bei 30 Silbermünzen, genannt Groszy – die Herkunft dieses Namens ist nicht schwer zu erraten. Später wurden die Zloty-Münzen dann zwar selbst aus Silber geprägt, der Name blieb jedoch. Und er gilt auch heute für die Scheine, die weder aus Gold noch aus Silber, sondern schlicht aus Papier sind.

Schließlich darf einer auf den polnischen Scheinen aber natürlich nicht fehlen: Papst Johannes Paul II. Auf dem 50er-Schein wird er gezeigt, wenn auch nur auf einer Sonderausgabe anlässlich seines Todes im Jahr 2005.

Rumänien

Abstürze unter dem Lindenbaum

Maia-hi, maia-hu – wer erinnert sich nicht an jenen rumänischsprachigen Schlager des Jahres 2004, der europaweit mitgesummt wurde? „Dragostea din tei" lautete der Titel, „Liebe unter der Linde". Doch warum gerade unter der Linde? Der Grund ist, dass dieser Baum in der rumänischen Poesie eine große Bedeutung hat, vor allem bei Mihai Eminescu, dem bedeutendsten rumänischen Dichter des 19. Jahrhunderts.

Dieser ist auf dem 500-Lei-Schein zu sehen, und er ist logischerweise zusammen mit einem Lindenblatt abgebildet. Auf der Rückseite ist dagegen die Universität von Iași zu sehen, jenem Ort, an dem Eminescu lange Zeit lebte.

Fläche: 238.391 km²
Einwohner: 20,1 Mio.
Amtssprache: Rumänisch
1 Leu = 100 Bani
Scheine in Umlauf: 1, 5, 10, 50, 100, 200, 500 Lei
1 Euro = 4,50 Lei

Dort saß er oft unter einem Lindenbaum um sich seinen Gedanken hinzugeben. Diese „Linde Eminescus" ist heute ein beliebter Wallfahrtsort für Bewunderer des Dichters und ebenfalls auf dem Schein zu sehen, wie sie hinter der Universität aufragt.

Nicht nur der 500er, alle Scheine thematisieren eine typische Pflanze des Landes, die allerdings meist auch bei uns heimisch ist, von Enzian über Edelweiß bis Klatschmohn. Daneben stets ein berühmter Vertreter der Kulturgeschichte Rumäniens, unter denen es allerdings offenbar keine Frauen gegeben hat – zumindest zeigt sie die Nationalbank nicht. Ebenfalls nirgends zu sehen ist der Namensgeber der Währung, also ein Löwe.

Abgebildet sind dagegen beispielsweise der Schriftsteller Ion Luca Caragiale auf dem 100-Lei-Schein, der Komponist George Enescu auf der Banknote zu 5 Lei oder der Philosoph Lucian Blaga auf der 200-Lei-Note.

Etwas aus der Reihe fällt Aurel Vlaicu auf der 50-Lei-Banknote, denn dieser schrieb weder Bücher noch machte er Musik. Er baute vielmehr Flugzeuge und war einer der ersten Piloten überhaupt. Er starb allerdings 1913 beim Versuch die Karpathen zu überqueren. Auf der Rückseite ist das Fluggerät zu sehen, das dabei zum Einsatz kam und abstürzte.

Abgestürzt war einst allerdings auch der Leu, wie die rumänische Währung im Singular heißt. Infolge einer über mehrere Jahre anhaltenden galoppierenden Inflation war er Anfang 2005 sogar die Währung mit dem weltweit geringsten Wert. Am 1. Juli 2005 wurde dann jedoch eine Währungsreform durchgeführt, bei der vier Nullen gestrichen wurden. Die Banknoten veränderten sich danach jedoch nur insofern, als auch hier die vier Nullen eliminiert wurden, die Gestaltung blieb die Gleiche.

Das einzige, was zudem verändert wurde, war die Größe der Scheine. Sie haben seither weitgehend die gleiche Größe wie die Euro-Banknoten, so ist der 50-Lei-Schein beispielsweise exakt genau so groß wie die Banknote zu 50 Euro, auch wenn der Wert nur ungefähr ein Zehntel beträgt. Dies soll aber die Umstellung der Automaten einfacher machen, wenn Rumänien irgendwann der Eurozone beitritt. Dies ist dann möglich, wenn das Land die so genannten Maastricht-Kriterien erfüllt. Mehr noch: Für diesen Fall ist es laut EU-Verträgen sogar zur Einführung der gemeinsamen Währung verpflichtet. Davon ausgenommen sind nur Dänemark, Großbritannien und Schweden.

Doch wann wird es im Falle Rumäniens so weit sein? In dem eingangs zitierten Lied „Dragostea din tei" heißt es an einer Stelle immerhin vielsagend „Du willst gehen, aber du nimmst mich nicht mit." Die Sänger kamen allerdings gar nicht aus Rumänien, sondern aus dem benachbarten Moldawien, wo ebenfalls rumänisch gesprochen wird.

Russland

Der Rubel rollt nicht mehr durch den Kreml

Manch Weltuntergangsprophet, der ein Ende des Euro nahen sieht und all sein Geld in Edelmetall angelegt hat, dürfte sich besonders für die historischen Anfänge des Rubel interessieren. Denn dessen Bezeichnung stammt aus einer Zeit, als die Menschen Silberbarren als Zahlungsmittel nutzten. Um damals jedoch auch kleinere Beträge bezahlen zu können, mussten die Besitzer von den Barren kleinere Stücke abschlagen oder „abhauen" – auf Russisch „rubit'".

Fläche: 17.098.242 km²
Einwohner: 143,4 Mio.
Amtssprache: Russisch
1 Rubel = 100 Kopeken
Scheine in Umlauf: 50, 100, 500, 1000, 5000 Rubel
1 Euro = 50,90 Rubel

Daraus entstand der Name „Rubel" für die Münzen, die ab dem 14. Jahrhundert geprägt wurden. Doch nicht nur das: Die Silberbarren hatten ein Gewicht von einer „Griwna", was rund 205 Gramm entspricht. Davon leitet sich heute der Name der ukrainischen Währung Hrywnja ab. Und die ersten Rubelmünzen zeigten den heiligen Georg mit einem Speer in der Hand. Speer heißt auf russisch „Kopjo" – und davon leitete sich wiederum die Bezeichnung Kopeke für die Untereinheit des Rubel ab.

Schon im 19. Jahrhundert wurden erste Papier-Rubel herausgegeben, und schon damals gab es eine Besonderheit, denn bereits Mitte des Jahrhunderts war auch ein 3-Rubel-Schein darunter. Einen solchen Schein gab es dann auch die ganze sowjetische Ära hindurch bis in die 90er-Jahre des vergangenen Jahrhunderts – nur ganz wenige andere Währungen hatten bis in jüngste Zeit noch einen solch ungewöhnlichen Wert.

Die galoppierende Inflation in Russland zu Beginn der 90er-Jahre machte den 3-Rubel-Schein jedoch wertlos, wie auch die anderen Banknoten jener Ära. Im Rahmen einer Währungsreform wurden daher inzwischen neue Scheine eingeführt – ein Dreier ist heute nicht mehr darunter.

Auch in anderer Hinsicht heben sich die Rubel-Scheine gegenüber dem sowjetischen Vorläufer ab. Das Lenin-Porträt, das einst die meisten Scheine schmückte, ist natürlich verschwunden. Ebenso sind es aber auch die anderssprachigen Bezeichnungen für den Rubel, die auf den sowjetischen Scheinen in kleiner Schrift aufgedruckt waren. Einige dieser Bezeichnungen, wie beispielsweise Som oder Manat, sind inzwischen selbst zu Namen eigener Währungen in ehemaligen Sowjetrepubliken geworden.

Gezeigt werden auf den Rubel-Banknoten heute diverse russische Städte. Es beginnt auf dem 5-Rubel-Schein, der heute allerdings so gut wie nicht mehr in Gebrauch ist, mit Nowgorod, einer der ältesten russischen Städte, die schon zu Zeiten der Kiewer Rus, einem Vorläuferstaat des heutigen Russland, ein bedeutendes Zentrum war.

Die Notenserie endet beim 5000-Rubel-Schein mit Chabarowsk, das ganz im Osten nahe der Grenze zu Nordkorea liegt und eine der jüngsten russischen Städte ist.

Dazwischen werden Stadtansichten von Krasnojarsk (10 Rubel), Sankt Petersburg (50), Moskau (100), Archangelsk (500) und Jaroslawl (1000) gezeigt. Auf den Vorderseiten ist meist eine Statue zu sehen, im Falle von Archangelsk Peter der Große.

Auf der Rückseite dagegen sind bekannte Gebäude der jeweiligen Metropole abgebildet. So finden sich dort zum Beispiel das Moskauer Bolschoitheater oder die Peter-und-Paul-Festung von Sankt Petersburg. Ausgerechnet das, was viele am ehesten mit Russland verbinden und was auch auf fast allen sowjetischen Rubel-Scheinen abgebildet war, sucht man aber vergeblich: den Moskauer Kreml.

Schottland

Patriotische Pfunde

Im Herbst 2014 sollen die Einwohner Schottlands darüber abstimmen, ob sie unabhängig von Großbritannien werden wollen. Eine eigene Währung immerhin hätten sie bereits: das schottische Pfund. Zwar ist es eins zu eins austauschbar mit den Pfund-Noten der englischen Notenbank, doch die Scheine pflegen durchaus eine eigene Tradition, schon allein, weil die Scheine von drei privaten Banken herausgegeben werden. Aber auch aufgrund eines ausgeprägten regionalen Kolorits der Scheine.

Am deutlichsten wird dies wohl auf der 20-Pfund-Note der Clydesdale Bank. Zu sehen ist darauf Robert the Bruce, König der Schotten ab 1306. Er kämpfte jahrelang in blutigen Schlachten gegen die Engländer für die Unabhängigkeit seines Landes. 1328 wurde diese im Vertrag von Edinburgh-Northampton schließlich auch anerkannt und Robert als König von Schottland akzeptiert. Ein Jahr später starb er aber bereits. Nichtsdestotrotz gilt er noch heute als schottischer Nationalheld.

Auf den anderen Banknoten der Clydesdale Bank sind weitere berühmte Schotten zu sehen. International am bekanntesten ist wahrscheinlich Alexander Fleming, der Entdecker des Penicillins, der auf dem Schein zu 5 Pfund dargestellt wird. Auf den Rückseiten sind jeweils Landschaften und Städte Schottlands abgebildet, allesamt Unesco-Weltkulturerbestätten. So zeigt der 10-Pfund-Schein das Stadtpanorama von Edinburgh. Diese Abbildungen beeindrucken vor allem durch eine fast schon dreidimensional erscheinende Darstellung, umrankt von diversen Details.

Neben der Clydesdale Bank dürfen auch die Bank of Scotland sowie die Royal Bank of Scotland Geldscheine herausgeben. Diese sind jedoch weit weniger abwechslungsreich gestaltet als jene der Clydesdale Bank und betonen auch weniger stark das Schottische. So blickt dem Nutzer von den Scheinen der Royal Bank of Scotland stets Lord Ilay entgegen, der erste Gouverneur der Bank. Auf den Rückseiten kann der Betrachter verschiedene schottische Burgen sehen.

Die Scheine der Bank of Scotland zeigen allesamt den Schriftsteller Sir Walter Scott, der zwar allein schon durch den Namen als Schotte erkennbar ist, allerdings in ganz Großbritannien Ruhm erlangte. Auf den Rückseiten dieser Banknoten werden Brücken des Landes gezeigt.

Eine davon sticht jedoch ein wenig heraus, denn es ist die Brig o'Doon, eine mittelalterliche Brücke, die in den Erzählungen des Schriftstellers Robert Burns eine Rolle spielt.

Fläche: 78.387 km²	
Einwohner: 5,3 Mio.	
Amtssprache: Englisch	
1 Pfund= 100 Pence	
Scheine in Umlauf: 5, 10, 20, 50, 100 Schottische Pfund	
1 Euro = 0,84 Pfund	

Dieser gilt als der National-
dichter der Schotten, zumal er
auch in schottischer Sprache
geschrieben hat, einem Idiom,
das eng mit dem Gälischen
verwandt ist, das in Irland
gesprochen wird.

Neben der Brücke ist auf dem
5-Pfund-Schein daher auch
eine Statue des Dichters abgebildet. Er ist übrigens der
Einzige, der auch auf den
Noten einer anderen Bank zu
sehen ist, nämlich auf der 10-
Pfund-Note der Clydesdale
Bank. Ein Gedicht von ihm,
das „Scots Wha Hæ", wurde
lange Zeit in Schottland als
inoffizielle Nationalhymne
gesungen. Basis des patrioti-
schen Textes ist eine ver-
meintliche Rede vom ein-
gangs erwähnten Robert the
Bruce. Wer weiß, vielleicht
wird das Lied ja bald wieder
hervorgeholt:

„Schotten, die ihr mit Wallace geblutet habt, Schotten, die
Bruce oft geführt hat, Will-
kommen zu eurer Blutstatt,
Oder zum Sieg" – „Scots,
wha hae wi' Wallace bled,
Scots, wham Bruce has aften
led. Welcome tae your gory
bed, Or tae Victorie!

Schweden

Pippi Langstrumpf löst Nils Holgersson ab

A uch wenn man die Gesichter auf den schwedischen Kronen-Scheinen vielleicht nicht immer sofort erkennt, mit vielen der Namen kann wohl jeder etwas anfangen. Da ist der Naturforscher Carl von Linné zu sehen (100 Kronen), Gustav Wasa, der im 16. Jahrhundert die Unabhängigkeit von Dänemark erkämpfte (1000 Kronen), oder die Schriftstellerin Selma Lagerlöff (20 Kronen). Auf der Rückseite werden jeweils dazu passende Szenen oder Persönlichkeiten gezeigt. So wird auf dem 100er-Schein eine Pflanze durch eine Biene bestäubt, zu Gustav Wasa gesellen sich Bauern, die Getreide ernten, und bei Selma Lagerlöff sind es Wildgänse, die den kleine Nils Holgersson, eine der bekanntesten Figuren aus ihren Geschichten, über eine typische schwedische Landschaft tragen.

Fläche:	450.295 km²
Einwohner:	9,6 Mio.
Amtssprache:	Schwedisch
1 Schwedische Krone	= 100 Öre
Scheine in Umlauf:	20, 50, 100, 500, 1000 Kronen
1 Euro =	8,88 Kronen

Weniger bekannt dürften dagegen Karl XI. und Jenny Lind sein, die auf dem 500- bzw. 50-Kronen-Schein zu sehen sind. Ersterer herrschte von1599 bis 1604 zunächst als Reichsverweser, danach bis zu seinem Tod im Jahr 1611 als König über Schweden. Er machte sich vor allem als Verteidiger des Protestantismus in seinem Land verdient.

Ergänzend zu ihm wird auf der Rückseite des gleichen Scheines der Wissenschaftler Christopher Polhem gezeigt, der zwischen 1661 und 1751 lebte, also in der gleichen Epoche wie Karl XI.. Auf Polhem gehen diverse Erfindungen der Mechanik zurück.

Lind dagegen war eine bekannte Opernsängerin, die im 19. Jahrhundert als die schwedische Nachtigall berühmt wurde. Die Banknote zu 50 Kronen, auf der sie zu sehen ist, sticht gegenüber allen anderen heraus, auch wenn Lind nicht so bekannt ist wie die anderen Porträtierten. Denn der Schein weist eine ungewöhnliche Form auf.

Das Verhältnis von Länge und Breite passt nicht zu den übrigen Noten, in jedem Portemonnaie ragt der Schein daher heraus. Der Grund liegt darin, dass die 50er-Scheine Ende der 80er-Jahre eigentlich abgeschafft werden sollten. Dann entschloss man sich in der Zentralbank aber, sie doch beizubehalten – inzwischen war aber die logische Größe, die dem 50er zukommen müsste, auf den 20er-Schein übertragen worden. Größer als der 100er durfte die 50-Kronen-Note aber ebenfalls nicht werden, und so wurde die Unterscheidbarkeit einfach durch ein ungewöhnliches Format hergestellt.

Dieses wird aber ohnehin 2015 Geschichte sein. Denn dann wird Schweden neue Banknoten in Umlauf bringen. Die Gestaltung steht schon weitgehend fest, und erneut werden diverse weltbekannte Persönlichkeiten darauf erscheinen, von der Schauspielerin Greta

Garbo über den Regisseur Ingmar Bergman und den einstigen UN-Generalsekretär Dag Hammarskjöld bis hin zur Schriftstellerin Astrid Lindgren. Auf den Rückseiten der neuen Banknoten werden sich dann Impressionen verschiedener schwedischer Regionen hinzugesellen

Lindgren wird dabei Selma Lagerlöff auf dem 20-Kronen-Schein, ersetzen, und sie wird von einer kleinen Darstellung von Pippi Langstrumpf begleitet, die neben Lindgrens Porträt über den Geldschein hüpfen wird. Pippi Langstrumpf löst also in gewissem Sinne demnächst Nils Holgersson ab.

Schweiz

Moderne Fluchtburg

Auch wenn die Schweiz in den Köpfen vieler Europäer immer noch als Hort von Heidi und Alpengrün verankert ist, so gibt sie sich auf ihren Franken-Scheinen doch ultramodern. Nicht nur, dass diese durch viele Farben und ein Durcheinander von Symbolen, Köpfen und sonstigen Abbildungen beeindrucken. Sie thematisieren auch vor allem Künstler der Neuzeit.

So lugt auf dem 10-Franken-Schein der berühmte Architekt Le Corbusier unter seiner Brille hervor. Wer ihn jedoch nicht erkannt hat, wird auf der Rückseite noch mehr Schwierigkeiten haben, denn dort entdeckt er nur ein Gewusel von Rechtecken, Bögen und Linien. Dabei handelt es sich um einen Grundriss des Verwaltungsviertels der indischen Stadt Chandigarh. Le Corbusier hatte es in dem ihm typischen Stil geplant, der nicht bei allen beliebt ist. Zumal viele der aus Beton errichteten Gebäude längst vor sich hin bröckeln.

Fläche: 41.285 km²
Einwohner: 8,1 Mio.
Amtssprachen: Deutsch, Französisch, Italienisch, Räto-Romanisch
1 Franken = 100 Rappen
Scheine in Umlauf: 10, 20, 50, 100, 200, 1000 Franken
1 Euro = 1,21 Franken

Auch mit moderner Musik kann nicht jeder etwas anfangen. Dennoch ist auf der 20-Franken-Note der Komponist Arthur Honegger abgebildet, auf der Rückseite dazu Noten eines Musikstücks sowie diverse Elemente einer Lok, in Anlehnung an sein bekanntestes Werk, „Pacific 231", in dem er eine Dampflokomotive musikalisch verewigt.

Die 100-Franken-Note ist der Bildhauerei gewidmet, konkret Alberto Giacometti. Hier wird auf der Rückseite eines seiner bekanntesten Werke gezeigt: „L'homme qui marche" (Der schreitende Mann). Für die Abbildung der Figur mit den langen Beinen ist es natürlich von großem Vorteil, dass alle Darstellungen auf den Scheinen vertikal angeordnet sind.

Nur die 1000-Franken-Note kommt klassisch daher. Hier wird der Kunsthistoriker Jacob Burkhardt gezeigt, der sich vor allem mit der Renaissance in Italien beschäftigt hatte. Folgerichtig zeigt die Rückseite eine Ansicht des Palazzo Strozzi in Florenz, gebaut zu Beginn des 16. Jahrhunderts.

Dieser Schein ist aber noch aus einem weiteren Grund etwas Besonderes. Er gehört zu den Geldscheinen mit dem weltweit höchsten Wert, denn er entspricht über 800 Euro. Und damit nicht genug: Schon 1915 hatte die Schweiz einen 1000er-Schein, der nach heutigem Preisniveau rund 9000 Franken wert wäre.

Dabei ist natürlich offensichtlich, warum das Land schon immer solch große Scheine brauchte. Schließlich galt es bereits vor Jahrzehnten als Fluchtort für große Vermögen.

Diese mussten von ihren Besitzern ja zu allen Zeiten irgendwie transportiert werden. Selbst heute haben sie dabei noch eine Abneigung gegen schnöde Überweisungen. Heute gibt es nur in Singapur eine Banknote mit höherem Wert, nämlich die 10.000-Dollar-Note. Und, welch Zufall, auch Singapur gehört mittlerweile zu den Finanzzentren, an denen Vermögende aus aller Welt ihr Geld verwalten lassen. Zunehmend nimmt der asiatische Stadtstaat sogar den Schweizer Banken Kunden weg. Wer weiß, vielleicht bedarf es schon bald keines 1000-Franken-Scheines mehr.

Serbien

Ein deutscher Bierbrauer als Hüter des Dinar

D er Name Karadžić hat auch in Deutschland eine unrühmliche Bekanntheit. Wer diesen auf dem serbischen 10-Dinar-Schein entdeckt, muss sich aber dennoch keine Sorgen machen, dass das Land damit jenem Kriegsverbrecher huldigt, der in Den Haag vor Gericht steht. Denn der Abgebildete ist Vuk Stefanović Karadžić. Dieser hat mit dem Führer der bosnischen Serben während des Bosnien-Krieges, Radovan Karadžić, nichts zu tun – auch wenn Letzterer gern behauptete, ein Nachfahre von Vuk Stefanović zu sein, was allerdings nicht stimmt.

Es war jedoch kein Zufall, dass er diese Behauptung aufstellte. Denn Vuk Stefanović Karadžić war einer der wichtigsten Vorkämpfer des serbischen Nationalstaates. Er legte im 19. Jahrhundert die Basis für die moderne serbische Sprache.

Fläche: 88.361 km²
Einwohner: 7,1 Mio.
Amtssprache: Serbisch
1 Serbischer Dinar = 100 Para
Scheine in Umlauf: 50, 100, 200, 500, 1000, 2000, 5000 Dinar
1 Euro = 116 Dinar

Zuvor diente unter den orthodoxen Slawen des Balkans eine russifizierte Variante des Altkirchenslawischen als Hochsprache. Dies war jedoch ein altertümliches, für das gemeine Volk kaum verständliches Idiom. Karadžić übersetzte die Bibel in die Umgangssprache, sammelte Volkslieder, verfasste Grammatiken und Wörterbücher des Serbischen. Und er schuf sogar neue Buchstaben für das serbisch-kyrillische Alphabet, die auf dem Schein dargestellt werden.

Doch die Dinar-Scheine würdigen nicht nur die Vorkämpfer der modernen Nation. Vertreten sind beispielsweise auch eine Malerin, ein Unternehmer, ein Musiker und mehrere Wissenschaftler. Insgesamt gibt es aktuell neun Scheine, von 10 bis 5000 Dinar – dies ist eine ungewöhnlich große Zahl. Vom Euro gibt es beispielsweise nur sieben verschiedene Scheine, viele Nationen haben nur fünf, der japanische Yen kommt sogar mit vier aus.

Alle Abgebildeten sind schon vor recht langer Zeit gestorben. Der Jüngste ist der Mathematiker und Astronom Milutin Milanković (1879 bis 1958), der auf dem 2000-Dinar-Schein zu sehen ist.

Hierzulande bekannter dürfte dagegen Nikola Tesla sein, der auf dem 100-Dinar-Schein präsentiert wird. Er gilt als der Erfinder des Wechselstroms, der sich im sogenannten Stromkrieg Ende des 19. Jahrhunderts gegen den von Thomas Edison propagierten Gleichstrom als Standard durchsetzte. Nach Tesla wurde aber auch eine physikalische Einheit, die sogenannte magnetische Flussdichte, benannt. Die Formel zu deren Berechnung ist auf der Vorderseite des Scheines neben dem Porträt des Erfinders zu sehen.

Dagegen findet sich interessanterweise auf dem 1000-Dinar-Schein ein Deutscher, näm-

lich der Industrielle Georg Weifert, der 1850 in Pančevo bei Belgrad geboren wurde. Der Herr mit dem gezwirbelten Bart startete mit einer Bierbrauerei, die er von seinem Vater übernommen hatte, stieg jedoch schon bald in den Bergbau ein und war Ende des 19. Jahrhunderts schließlich der reichste Mann Serbiens.

1890 stieg er dann sogar zum Chef der serbischen Nationalbank auf. Mit kürzeren Unterbrechungen blieb er dies rund 30 Jahre lang und wurde 1919 schließlich auch der erste Präsident der Nationalbank des neuen gemeinsamen Staates der Serben, Kroaten und Slowenen, der ebenfalls den Dinar übernahm. Weifert ist somit derjenige der abgebildeten Personen auf den Dinar-Banknoten, der mit der Währung am unmittelbarsten zu tun hatte. Und das ist ein Deutscher.

Transnistrien

Separat-Rubel

E igentlich dürfte es diese Geldscheine gar nicht geben, so wie es den Staat eigentlich nicht gibt. Denn Transnistrien ist von keinem anderen Staat anerkannt. Der kleine Landstreifen am rechten Ufer des Dnestr gehört völkerrechtlich zu Moldawien.

Nach der Auflösung der Sowjetunion und der Unabhängigkeit Moldawiens spaltete sich die Region jedoch ab, mit der Begründung, dass in dem Gebiet überwiegend Russen und Ukrainer lebten. Es kam zu einem kurzen bewaffneten Konflikt, bei dem Moldawien jedoch keine Chance hatte, da Transnistrien sich auf die Unterstützung Russlands verlassen kann. Bis heute sind dort russische Truppen stationiert, und in gewissem Sinne könnte das Gebiet auch ein unrühmliches Vorbild dafür sein, was Russland mit der Halbinsel Krim vorhat, die sich seit Anfang 2014 von der Ukraine löst.

Vor dem Hintergrund der russischen Rolle in Transnistrien verwundert es jedenfalls nicht, dass die Währung, die 1994 in dem Gebiet eingeführt wurde, wie in Russland Rubel heißt. Und zu sehen sind darauf vor allem Helden des alten russischen Zarenreichs, auf den Scheinen bis 25 Rubel ausschließlich Alexander Suworow. Der General unterwarf im 18. Jahrhundert weite Teile der Ukraine und gründete 1792 die Stadt Tiraspol, heute Hauptstadt Transnistriens.

Wenn es hier noch einen Bezug zwischen den russischen historischen Persönlichkeiten und der Region selbst gibt, so ist dieser auf den anderen Scheinen nur schwer herzustellen. Die Banknote zu 500 Rubel zeigt beispielsweise Katharina die Große, jene aus Deutschland stammende Zarin, die im 18. Jahrhundert über das russische Reich herrschte. Immerhin lebte sie aber bei der Gründung von Tiraspol noch, diese fällt also noch in ihre Regierungszeit.

Warum auf der Rückseite des 200-Rubel-Scheins jedoch die Schlacht von Großjägersdorf abgebildet ist, ist nicht nachvollziehbar. Sie fand 1757 zwischen Russland und Preußen im Rahmen des Siebenjährigen Krieges statt. Klarer wird der Bezug zu Transnistrien dann schon bei den sowjetischen Ehrenmälern aus dem Zweiten Weltkrieg, die es auf anderen Scheinen zu bestaunen gibt.

Immerhin zeigt der 50-Rubel-Schein dann aber Taras Schewtschenko, einen der größten Dichter der Ukraine, und auf dem Schein zu 100 Rubel ist Dimitrie Cantemir zu sehen, der zu Beginn des 18. Jahrhunderts als Woiwode über das Gebiet Moldau herrschte. Wie

Fläche: 4163 km²	
Einwohner: 517.000	
Amtssprachen: Russisch, Moldawisch, Ukrainisch	
1 Transnistrischer Rubel = 100 Kopeken	
Scheine in Umlauf: 1, 5, 10, 25, 50, 100, 200, 500 Rubel	
1 Euro = 14,20 Rubel	

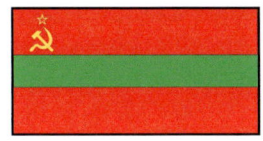

der Name andeutet, war er von rumänisch-moldauischer Herkunft. Er war es aber, der sein Herrschaftsgebiet 1711 unter die Oberheit des russischen Zaren Peter dem Großen stellte. Das mögen die Gestalter der transnistrischen Banknoten sicher sehr passend gefunden haben.

Passend ist aber auch die Abbildung der Tiraspoler Destillerie Kvint auf dem 5-Rubel-Schein. Denn der Schmuggel von Alkohol sowie von Waffen und Menschen gehört neben Geldwäsche laut einem EU-Bericht heute zu den wichtigsten Einnahmequellen des Landes.

Tschechien

Auf Großmutters Spuren

Denkt der Deutsche an Tschechien, so kommen ihm meist Prag, billiges Bier und Karel Gott in den Sinn. Und bei Letzterem trällert dann so mancher spontan dessen Lied „Babička" vor sich hin. So platt dies auf den ersten Blick ist – dieser Bezug zu Tschechien hat durchaus eine tiefere Bedeutung. Und er findet sich auch auf den Geldscheinen des Landes wieder.

Denn „Babička" (Großmutter) heißt das bedeutendste Werk der Schriftstellerin Božena Němcová, die von 1820 bis 1862 lebte und auf der 500-Kronen-Note abgebildet ist. Der Roman erschien 1855 – in einer Zeit, die als Phase der „nationalen Wiedergeburt" bezeichnet wird, da die Tschechen damals erstmals ein Nationalbewusstsein entwickelten.

Bis dahin stellten sie größtenteils die bäuerliche Bevölkerung, während in den Städten Böhmens und Mährens die deutsche Sprache dominierte. Das Tschechische war daher als Schriftsprache kaum entwickelt. Němcová gehörte zu den Ersten, die dies änderten. So zählt sie zu den Begründerinnen der tschechischen Schriftsprache. „Babička" brachte dabei die Schriftsprache unters Volk. 1880 erhielt das Tschechische in Böhmen und Mähren den Status einer Amtssprache.

Ein anderer, wenn nicht sogar der wichtigste Vertreter der „nationalen Wiedergeburt" war František Palacký, der auf dem 1000-Kronen-Schein zu sehen ist. Im Gegensatz zu Němcová widmete er sich jedoch nicht der Verbreitung der Sprache über die Belletristik, sondern er arbeitete die tschechische Geschichte auf, und er brachte 1848 seine „Geschichte des tschechischen Volkes in Böhmen und Mähren" heraus. Damit legte er praktisch die ideologische Basis für das Entstehen des Nationalbewusstseins, unter den Tschechen, was ihm letztlich auch den Titel „Vater der Nation" einbrachte.

Daneben bieten die Kronen-Scheine zwei Vertreter der jüngeren sowie der älteren Geschichte auf. So ist auf dem 2000-Kronen-Schein die Sopranistin Ema Destinová (1878-1930) zu sehen, auf dem 5000-Kronen-Schein Tomáš Garrigue Masaryk, der erste Präsident des damals von Tschechen und Slowaken nach dem Ersten Weltkrieg gemeinsam gegründeten Staates.

Die Banknote zu 200 Kronen zeigt den Philosophen und Pädagogen Johann Amos Comenius (1592-1670), der auch bei uns eine gewisse Bekanntheit hat, und bei 100 Kronen geht es sogar bis ins 14. Jahrhundert zurück. Denn darauf ist Karl IV. zu sehen, König von Böhmen und ab 1355 römisch-deutscher Kaiser.

Fläche: 78.866 km²
Einwohner: 10,5 Mio.
Amtssprache: Tschechisch
1 Tschechische Krone = 100 Halérů (Heller)
Scheine in Umlauf: 20, 50, 100, 200, 500, 1000, 2000, 5000 Kronen
1 Euro = 27,35 Kronen

Ihn in die tschechische Geschichte einzuverleiben ist allerdings – vorsichtig ausgedrückt – etwas gewagt, denn zu den Zeiten als er lebte und regierte waren nationale Gefühle noch sehr dürftig ausgeprägt, sofern überhaupt vorhanden. Und Karl sprach zwar Tschechisch, aber ebenso auch Deutsch, Latein, Französisch und Italienisch. Seine erste Loyalität dürfte letztlich seinem Herrscherhaus, den Luxemburgern, gegolten haben.

Deutlich unverfänglicher sind da die Rückseiten der Scheine, gestaltet besonders imposant ist die 5000-Kronen-Banknote. Denn sie zeigt ein Ensemble der bekanntesten Sehenswürdigkeiten Prags. In der Mitte sticht dabei der Veitsdom auf der Prager Burg hervor, daneben sind kleinere Kirchen wie St. Nikolaus und St. Jakob zu sehen – allesamt ebenfalls Orte, die einem vertraut vorkommen, wenn man an Tschechien denkt.

Türkei

Geldscheine im politischen Wandel

Es geht um die symplektische Basis, um Körper der Charakteristik 2 und um Isomorphismen. Was genau das ist, sei dahingestellt. Jedenfalls beschäftigte sich Cahit Arf damit, der von 1910 bis 1997 lebte. Als Ergebnis lieferte er eine bedeutende mathematische Formel, die nach ihm Arf-Invariante genannt wurde.

Fläche: 783.562 km²
Einwohner: 75,6 Mio.
Amtssprache: Türkisch
1 Türkische Lira = 100 Kuruş
Scheine in Umlauf: 1, 5, 10, 20, 50, 100, 200 Lira
1 Euro = 3,05 Lira

Seit 2005 würdigt das die Türkei, indem sie ihren bedeutendsten Mathematiker auf der Rückseite der Banknote zu 10 Lira abbildet, zusammen mit seiner Formel, die aber wohl nur die allerwenigsten verstehen, die die Banknote in Händen halten.

Das ist nicht weiter schlimm. Denn das eigentlich Interessante an dem Schein ist, dass darauf überhaupt jemand anderes als der Republikgründer Mustafa Kemal Atatürk zu sehen ist. Jahrzehntelang war er die einzige Persönlichkeit, die auf den Lira-Scheinen abgebildet wurde, abgesehen von einem kleinen Zwischenspiel in den 80ern.

Damals zierte kurzzeitig Mehmet Akif Ersoy, der Dichter der Nationalhymne, die 100-Lira-Scheine. Ein Sultan und ein Mystiker des Mittelalters waren auf zwei weiteren Scheinen zu sehen. Nach wenigen Jahren wurden diese Banknoten aber erneut durch andere ersetzt, auf denen Atatürk selbstverständlich wieder allein vertreten war.

Auch auf den neuesten Scheinen, die seit 2005 im Umlauf sind, ist er nach wie vor auf allen Vorderseiten abgebildet. Die Rückseiten nehmen nun aber andere Personen der jüngeren und älteren Geschichte ein. Neben Cahit Arf ist auf dem 5-Lira-Schein mit Aydin Sayili ein weiterer Wissenschaftler vertreten, dazu gesellen sich ein Architekt, ein Musiker, ein Volksdichter und auch eine Frau, die Schriftstellerin Fatma Aliye Topuz, auf dem Schein zu 50 Lira.

Ihre Wahl löste damals jedoch in der Türkei Diskussionen aus. Denn sie war eine Kritikerin der Reformen Atatürks gewesen und vertrat Zeit ihres Lebens konservative Positionen, die sich am Islam als ethischer Grundlage orientierten.

Dass die islamisch-konservative Regierung, die seit 2001 an der Macht ist, ausgerechnet sie auswählte, ist daher wohl kein Zufall. Durch Fatma Aliye und auch durch die Tatsache, dass Atatürk nun eben nicht mehr das alleinige Gesicht der Republik auf den Geldscheinen ist, dokumentiert sie letztlich nur die politischen Veränderungen der jüngsten Zeit in der Türkei.

Zu diesen Veränderungen gehört jedoch auch, dass es dieser Regierung gelungen ist, die Inflation zu stoppen. Denn bis Ende 2004 mussten die Türken stets in Millionen rechnen.

Preissteigerungsraten von 70 Prozent und mehr hatten in den 90er-Jahren den Wert der Währung mehr und mehr zerfressen. Seit der Regierungsübernahme 2001 durch Recep Tayyip Erdogan hat sich das jedoch spürbar gebessert.

Mit den neuen Geldscheinen 2005 war daher auch eine Währungsreform verbunden, bei der eine Million alter Lira in eine neue gewechselt wurden. Während ein Euro zuvor rund 1,8 Millionen Lira wert war, waren es danach 1,80 Lira. Neun Jahre später liegt der Kurs etwa bei 3,05 Lira.

Der Name klingt übrigens nicht nur zufällig so ähnlich wie das alte italienische Geld. Das Wort geht in beiden Fällen auf das lateinische „libra" zurück, was Pfund bedeutet. Vor allem im Mittelmeerraum ist es seit Langem eine weit verbreitete Währungseinheit. In Syrien und Ägypten zahlt man heute noch mit Pfund. Auch die türkische Lira wird daher bis heute zuweilen als türkisches Pfund bezeichnet.

Ukraine

Geschichtsbildende Kunst

N eue Staaten müssen einiges tun, um ihr Entstehen zu rechtfertigen. Dazu gehört, ein Nationalgefühl zu schaffen. Das funktioniert am besten über eine lange Geschichte, und um diese zu propagieren, sind Geldscheine ein ideales Mittel, wie das Beispiel der Ukraine schön zeigt, zumal es in diesem Land seit dessen Unabhängigkeit im Jahr 1991 besonders schwer war, die verschiedenen Regionen und Bevölkerungsgruppen auf einen gemeinsamen Staat zu verpflichten.

Es fängt schon beim Namen der Währung an. Schon vor 1000 Jahren, zu Zeiten des Slawen-Reiches der sogenannten „Kiewer Rus", existierte eine Silbermünze namens Grivna. Das Wort bedeutete ursprünglich Mähne. Eine Theorie besagt, dass die Münze so hieß, weil sie so viel wert war wie eine Pferdemähne, also ein Pferd. Andere Überlieferungen besagen, dass die Bedeutung schlicht auf etwas Wertvolles hinweist, das man um den Hals trug.

Fläche: 603.628 km²	
Einwohner: 45,5 Mio.	
Amtssprachen: Ukrainisch	
1 Hrywnja (Grivna) = 100 Kopijok (Kopeken)	
Scheine in Umlauf: 1, 2, 5, 10, 20, 50, 100, 200, 500 Hrywen'	
1 Euro = 13,50 Hrywen'	

Wie auch immer: Der Begriff ist uralt, und das war natürlich ein Argument für die junge Ukraine, ihr Geld bei Einführung 1996 so zu nennen. Hinzu kam, dass die Grivna bereits während der Phase der ersten Unabhängigkeit nach dem 1. Weltkrieg kurzzeitig die offizielle Währung des Landes war – bevor es in die Sowjetunion integriert wurde.

Um die Unabhängigkeit von Russland noch stärker zu betonen, pocht man in Kiew auch darauf, dass die Währung korrekterweise Hrywnja heißt. Grivna ist die russische Aussprache, im Ukrainischen wird aus einem russischen „g" jedoch stets ein „h". Allerdings stellt die ukrainische Variante die Sprecher vieler anderer Idiome vor ziemliche Probleme, sodass mancher die politische Korrektheit der eigenen Zungenfertigkeit unterordnet.

Die Historisierung der ukrainischen Nation setzt sich auch in den Motiven der Geldscheine fort. Auf dem 1-Hrywnja-Schein ist Wolodimir der Große (russisch: Wladimir) abgebildet, der die Kiewer Rus christianisierte, auf dem Zweier-Schein sieht man seinen Sohn, Jaroslaw den Weisen. Das Problem: Auf diese Ahnen können sich Russen oder Weißrussen mit mindestens ebensolcher Berechtigung berufen wie die Ukrainer. Es waren auch ihre nationalen Urväter, denn der Staat der Kiewer Rus umfasste alle ostslawischen Stämme, die damals noch nicht ausdifferenziert waren.

Etwas anders ist das schon bei den folgenden Scheinen, die legendäre Kosakenführer wie Bohdan Chmelnyckij (5 Hrywnja) oder Iwan Masepa (10 Hrywnja) zeigen. Sie kämpften vor allem gegen die russischen Zaren, aber eben oft auch gegen polnisch-litauische Herr-

scher. Denn die Ukraine existierte damals noch nicht als Nation, es war vielmehr die Bezeichnung für die Grenzregion des russischen Zarenreiches – wie der Name sagt: „u krajna" bedeutet „am Rande", auch wenn diese Deutung von den Ultranationalisten in der Ukraine heute zurückgewiesen wird.

Erst ab 20 Hryvnja erscheinen schließlich modernere Ukrainer auf den Banknoten, Personen, die man guten Gewissens als solche bezeichnen kann, wie die Dichter Iwan Franko (20 Hryvnja) und Taras Schewtschenko (100 Hryvnja). Auf den Rückseiten werden zusätzlich gerne Gebäude mit historischem Bezug abgebildet, so beispielsweise das Gebäude, in dem 1917 das ukrainische Parlament tagte. Es ersetzte erst vor Kurzem die Ansicht des aktuellen Parlaments. Und schließlich ist auf dem 200er-Schein eine Poetin zu sehen, die aufgrund ihres Namens in gewissem Sinne der Höhepunkt dieser monetären Nationenbildung ist: Lessja Ukrainka.

Ungarn

Könige, Heilige und galoppierende Inflation

Ungarn steckt seit Jahren in wirtschaftlichen Problemen, dem Land drohte zeitweise sogar die Pleite. Doch erstaunlicherweise scheinen die Menschen der Dramatik mit ziemlicher Langmut zu begegnen. Dies wiederum liegt vielleicht auch daran, dass manche von ihnen schon Schlimmeres erlebt haben, nämlich die Inflation von 1946.

Fläche: 93.030 km²	
Einwohner: 9,9 Mio.	
Amtssprache: Ungarisch	
1 Forint = 100 Fillér	
Scheine in Umlauf: 500, 1000, 2000, 5000, 10.000, 20.000 Forint	
1 Euro = 310 Forint	

In Deutschland werden heute noch Geschichten über die Hyperinflation des Jahres 1923 von Generation zu Generation weitergetragen, obwohl es kaum noch jemanden gibt, der das selbst erlebt hat. Die Phase der Geldentwertung in Ungarn geschah im Vergleich dazu aber sogar eine Generation später, und sie war noch wesentlich schlimmer als jene in Deutschland von 1923. Folglich ist nur allzu verständlich, wenn sie im Volk noch präsenter ist.

Die ungarische Inflation von 1946 war die schlimmste, die je ein Land erlebt hat, Deutschland 1923 und Zimbabwe 2008/09 eingeschlossen. Am Höhepunkt, im Juli 1946, verdoppelten sich die Preise innerhalb von zwölf Stunden. Am 1. August 1946 wurde dem schließlich durch die Einführung einer neuen Währung ein Ende bereitet. Der bis dahin gültige Pengö wurde durch den Forint ersetzt, den es bereits im 19. Jahrhundert zeitweise als Währung in Ungarn gegeben hatte. Als Umtauschkurs wurde dabei festgelegt: 400 Quadrilliarden Pengö = 1 Forint, ausgeschrieben:
400.000.000.000.000.000.000.000.000 000 Pengö = 1 Forint.

Den Forint hat Ungarn heute noch. Er war die Währung zu kommunistischen Zeiten und blieb es nach der Befreiung. Sein Name leitet sich von der italienischen Stadt Florenz ab, in der in der frühen Neuzeit die Goldmünze Fiorino d'Oro geprägt wurde. Im Deutschen wurde daraus, angelehnt an das Metall, der Name Gulden, in den romanischen Sprachen bezeichnet man die gleichen Münzen als Florin. Damit erklärt sich beispielsweise auch die Abkürzung „hfl", die einst für den holländischen Gulden üblich war. Die Ungarn machten Forint daraus.

Doch nicht nur der Name überdauerte den Wandel vom Kommunismus zur Demokratie. Auch die Scheine wurden nicht unmittelbar nach dem Wechsel des politischen Systems ausgetauscht – was eine Ausnahme für die Länder des ehemaligen Ostblocks ist. Ungarn hatte es aber stets vermieden, stalinistische Heldengemälde auf seinen Banknoten zu verewigen. Stattdessen waren darauf sogar in den 50er- und 60er-Jahren Vorkämpfer der ungarischen Unabhängigkeit oder Künstler von stets gutem Ruf zu sehen.

Daher galten einige Scheine noch bis Ende der 90er-Jahre. Erst dann wurde eine komplette neue Notenserie aufgelegt. Und selbst in dieser ist ein Porträt enthalten, das auch schon auf den alten Scheinen zu sehen war. Denn die 500-Forint-Note ziert heute der Kopf von Ferenc II. Rákóczi, der zu Beginn des 18. Jahrhunderts einen Adelsaufstand gegen die Habsburger anführte und als Nationalheld gilt.

Anders als früher gehen die aktuellen Noten allerdings noch weiter zurück in die ungarische Geschichte. Daher ist heute auf dem 10.000-Forint-Schein König Stephan I. zu sehen, der vor rund 1000 Jahren die ungarische Nation begründete und christianisierte und heute als Nationalheiliger verehrt wird. Der 2000er zeigt Gábor Bethlen, der im 17. Jahrhundert einen Feldzug gegen die Habsburger anführte, im Kreise seiner Mitstreiter.

Schließlich gibt es aber noch einen Punkt, bei dem sich im Übergang von alten zu neuen Scheinen nichts geändert hat: Frauen sind darauf nicht zu finden.

Weißrussland

Reform auf dem Papier

I n Deutschland flippen ganze Bevölkerungsteile aus, wenn man ihnen lediglich zumutet, einzelne Wörter im Zuge einer Rechtschreibreform klein statt groß oder umgedreht zu schreiben. Man mag sich gar nicht vorstellen, was passieren würde, wenn eine Kommission verfügen würde, dass fürderhin „fier" statt „vier" oder „sex" statt „sechs" geschrieben werden soll. Revolution?

In Weißrussland sind solche Reaktionen nicht zu erwarten. Wahrscheinlich auch, weil man weiß, dass jeglicher Erhebungsversuch ohnehin niedergeknüppelt würde. Dabei hat Diktator Lukaschenko dort zuletzt eine orthografische Reform verfügt, die so weitreichend ist, dass sie sich sogar auf die Geldscheine auswirkt.

Denn im weißrussischen Wort für „fünfzig" wurde der siebte Buchstabe durch einen anderen ersetzt, mit der Folge, dass die Scheine über 50 und 50.000 weißrussische Rubel neu gedruckt werden mussten. Ersterer ist zwar ohnehin nur sehr wenig in Gebrauch – sein Wert beträgt weniger als einen halben Cent. Der 50.000er-Schein (etwa vier Euro) ist aber schon etwas verbreiteter.

In den orthografischen Details und damit in den Geldscheinen spiegelt sich die schwierige Identitätsfindung des Landes. Denn mit der jüngsten Reform ist die Auseinandersetzung um die Schrift längst nicht beigelegt. Nach wir vor gibt es im Weißrussischen zwei Schreibweisen, eine, die sich stärker ans Russische anlehnt, und eine, die stärker die eigene Identität betont.

Es ist aber auch geradezu das Merkmal dieser Region, dass sie seit Jahrhunderten zwischen mehreren Kulturkreisen steht, dem russischen, dem polnischen sowie dem litauischen. Nach der Unabhängigkeit 1991 sollte zunächst brachial eine eigene Identität geschaffen werden, indem Weißrussisch als einzige Staatssprache dekretiert wurde.

Nach einer Volksabstimmung wurde 1995 jedoch Russisch als zweite Staatssprache hinzugefügt. Denn gerade mal zwölf Prozent der Einwohner des Landes sprechen zu Hause tatsächlich Weißrussisch.

Weiteres Merkmal des Landes ist heute, dass es die letzte Diktatur Europas ist und hier die letzten Reste des Sowjetimperiums konserviert werden. Zu besichtigen ist dies auch auf dem 50-Rubel-Schein, der einen Sowjetstern vor der Festung von Brest zeigt. Bis heute wird sie als Heldenfestung gewürdigt, weil hier die Rote Armee erbitterten Widerstand gegen die deutschen Truppen leistete.

Fläche: 207.595 km^2
Einwohner: 9,5 Mio.
Amtssprachen: Weißrussisch, Russisch
1 Weißrussischer Rubel = 100 Kopeken
Scheine in Umlauf: 50, 100, 500, 1000, 5000, 10.000, 20.000, 50.000, 100.000, 200.000 Rubel
1 Euro = 13.650 Rubel

Die anderen Banknoten
sind allerdings etwas weniger martialisch gestaltet.
Sie beschränken sich auf
die Darstellung alter Ge-
bäude aus verschiedenen
Landesteilen.

Und immerhin ließ sich
Diktator Lukaschenko bis-
her noch nicht auf die
Scheine Weißrusslands
bannen. Aber vielleicht
wird das ja seine nächste
Reform.

Register

Rumänien	Rumänischer Leu	Ban	50
Russland	Russischer Rubel	Kopeke	52
San Marino	Euro	Cent	20
Schottland	Schottisches Pfund	Penny	54
Schweden	Schwedische Krone	Öre	56
Schweiz	Schweizer Franken	Rappen	58
Serbien	Serbischer Dinar	Para	60
Slowakei	Euro	Cent	20
Slowenien	Euro	Cent	20
Spanien	Euro	Cent	20
Transnistrien	Transnistrischer Rubel	Kopeke	62
Tschechien	Tschechische Krone	Haléř	64
Türkei	Lira	Kuruş	66
Ukraine	Hrywnia (Griwna)	Kopijka (Kopeke)	68
Ungarn	Forint	Fillér	70
Vatikanstadt	Euro	Cent	20
Weißrussland	Weißrussischer Rubel	Kapejka (Kopeke)	72
Zypern	Euro	Cent	20

Hinweis

Dieses Buch enthält eine Auswahl jener Artikel der Serie „Schein-Welt" aus der „Welt am Sonntag", die sich mit den Banknoten der Staaten Europas beschäftigen. Diese Artikel wurden vollständig überarbeitet und aktualisiert wurden. Stand der Angaben ist Mitte März 2014.

Die komplette Serie mit Artikeln zu sämtlichen Währungen der Welt ist ebenfalls in Form eines Buches erschienen. Zudem wurden Bücher zu den Währungen der Länder der anderen Erdteile veröffentlicht. Nähere Informationen zu den anderen Bänden wie Titel und Bestellnummern finden sich auf der Internet-Seite

www.schein-welt.info

Dort finden Sie auch ein Kontaktformular, über das Sie mit dem Autor in Kontakt treten können, beispielsweise um auf Fehler aufmerksam zu machen oder Anregungen für künftige Ausgaben zu geben. Oder auch, um Freude oder Lob auszudrücken.

So treten Sie mit dem Autor in Kontakt:

Homepage: www.frankstocker.de
Facebook: www.facebook.com/frankh.stocker
Google Plus: gplus.to/Frank.Stocker
Twitter: www.twitter.com/FrankStocker
Linkedin: de.linkedin.com/in/Frank.Stocker
Xing: www.xing.com/profile/Frank_Stocker2